約四〇年ぶりのインフレが私たちの生活を破壊する！

皆さんは、「何か変だ」と思わないだろうか。こんなに新型コロナウイルスで右往左往しているのに、なぜ株価が異様に上がるのか。金《きん》（ゴールド）も、一時小売りで一グラム＝七〇〇〇円超という高値になったのか。しかも南半球ニュージーランドでは、このコロナ禍の一年で不動産が三〇％も上昇してしまったというのだから驚きである。

そのすべてのナゾ解きのカギは、〝中銀〟（中央銀行）にある。そう、新型コロナウイルスによるグレート・ロックダウン（大いなる閉鎖）に恐れおののいた世界中の中央銀行が、史上初と言ってよいくらいのお金をばら撒いたのがそのすべての原因である。

そして、いよいよアメリカの長期金利が上昇してきた。ついに、あの〝イヤーなヤツ〟の登場である。しかも、それは久し振りの登場だ。そう、それこそ〝インフレ〟である。五年以内に、とんでもないインフレがやってくる可能性が高まっている(早ければ年内にも)。

その時、長いデフレと低金利に慣れ切ったこの国は、どえらいことになるであろう。なにしろ、今回は物価上昇というレベルの話ではおさまらないからだ。というのも、日本の中央銀行である日銀が、すでに五〇〇兆円を超える日本国債を抱えているためである。そして、その市中銀行から買い取った代金を、そのまま日銀内に〝当座預金〟という形で置いてある。インフレになればその当座預金に利息を付けざるを得ず(その全額ではなく、およそ二分の一くらい)、日銀の自己資本九・七兆円はあっという間になくなってしまい、債務超過に転落してしまう。つまり、一瞬で日銀そのものが火ダルマになってしまうのである。

もしそうなったら、世の中は一日でまったく様相が変わってしまう。なにしろ、私たちの経済のすべて、つまり生きる基盤のすべては〝円〟という通貨の上に乗っかっている。その円を発行しているのが、日本の中央銀行である日銀である。ということは、日銀が火ダルマになったら円は信認を失い、どんどん価値を下げて行く。対外的には円安であり、対内的にはインフレとなるのだ。

そしてさらにインフレが加速すれば、当然のことながら金利はさらに上がってしまう。特に、円安を止めるためには金利を上げざるを得なくなる。しかし、金利を上げたら当座預金に対する支払い金利はさらに上がり、日銀が保有する国債もさらに暴落してしまい、債務超過どころか日銀そのものが破綻してしまうことになる。

金利を上げることもできない。しかし、上げなければインフレを抑えることができない。つまり、今度インフレがやってきたらこの国は想像を絶する状況に突入することとなる。つまり、政府にも日銀にもまったく打てる手がないまま、事態だけがどんどん悪化して行くという地獄のような状況に陥るのだ。

その時期は、刻一刻と迫っている。その時、私たちはどうすれば生き残ることができるのだろうか。その答えは、本書を最終章までお読みいただければ明らかになる。

二〇二一年七月吉日

浅井　隆

瞬間30%の巨大インフレがもうすぐやってくる!!――目次

プロローグ

約四〇年ぶりのインフレが私たちの生活を破壊する！　2

第一章　四〇年ぶりの大転換　資産を食い尽くすインフレがやってくる!!

四〇年ぶりの大転換――世界は「デフレ」から「インフレ」へ　12
コストプッシュ・インフレ席巻――一過性ではすまない可能性も　21
過去二〇〇年で最大の景気刺激策　30
現実味を帯びる一九七〇年代型のインフレ　36

第二章　一九七〇年代、悪夢のインフレ
――石油パニック、トイレットペーパー騒ぎ

原油価格は三ヵ月で四倍に！　第一次オイルショック時の「油断」　50
トイレットペーパーを二年分買いだめした主婦　54
実感としては三〇％を超えていた「狂乱物価」　59
狂乱物価の種はニクソン・ショックから蒔《ま》かれ始めた　64
列島改造ブームで地価は「狂気の沙汰」に　68
ジャブジャブのお金が実体経済に回らない過剰流動性相場　74
ある日突然、まさかの事態はやってくる　80

第三章　デフレと低金利にあまりにも長く浸り過ぎた日本

デフレと低金利が当たり前の日本　84
日本経済の絶頂期からバブル崩壊へ　85
無思慮な融資が生んだ巨額の不良債権　88

先送りされた〝不良債権処理〟　91
悪夢の幕開けとなった一九九五年　95
深刻化するデフレ　99
苦闘する日銀――ついにゼロ金利政策、量的緩和政策を導入　102
実感なき景気回復、そしてリーマン・ショック　106
アベノミクスと黒田バズーカ　109
なぜ、日本はデフレと低金利から抜け出せないのか？　113

第四章　金利は六%を超え、日銀が破綻する可能性も

ゼロ金利は永遠には続かない　118
インフレによる金利上昇は、不可避である　122
禁じ手となった「財政ファイナンス」　129
財政ファイナンスを行なった代償　134
日銀が破綻する⁉　138

第五章　日銀破綻で、一ドル＝三六〇円に回帰か⁉
すさまじい円安と輸入インフレが襲う未来

最も大きなバブルは〝日本円の購買力〟⁉　146
日本円はすでに〝ジリ貧〟　148
「日本は貿易立国」であるという幻想　153
海外発のインフレで日銀は究極のジレンマに　157
円安と貿易赤字の悪化というスパイラルへ⁉　165

第六章　あなたの資産は急激なインフレに耐えられるか

繰り返す歴史の中で重要なこと　172
インフレ下での生活で注意する事象　175
事象その一：驚くべき物価上昇とモノ不足　176
事象その二：物価に賃金が追い付かない　178
事象その三：現金資産は減価のリスク　178

事象その四：預金は総じて不利になる 180
事象その五：モノによって上昇率が極端に違うことも 181
事象その六：会社経営にも大きな影響が出る 183
日本を待ち受ける「巨大インフレ経由国家破産」で起きること 185
巨大インフレへの具体的対策 191
①外貨を持つ（国内） 191
■米ドルを主軸にすること 192
■国内の外貨預金は要注意 193
■証券口座の活用 194
■外貨現金（キャッシュ）は保有推奨 195
②現物資産の保有 196
■金《きん》（ゴールド） 196
■ダイヤモンド 199
③海外資産の保有 201
■海外口座 201
■海外ファンド 203

④さらに積極的にインフレに対抗する方法 208
■株式 208
■オプション 214
その他の資産について 216
■不動産 216
■仮想通貨 218
巨大インフレも国家破産も「やりようはある！」 219

エピローグ

インフレ経由国家破産に備える 222

※注　本書では一米ドル＝一一〇円で計算しました。

第一章

四〇年ぶりの大転換
資産を食い尽くす
インフレがやってくる!!

四〇年ぶりの大転換——世界は「デフレ」から「インフレ」へ

「大変化の始まりだと言わざるを得ない」（ブルームバーグ二〇二一年六月七日付）——イギリスの金融街シティで「No.1エコノミスト」の一人と称されるロジャー・ブートル氏は、世界経済の大転換を予言した。

ブートル氏は欧州最大の経済調査会社キャピタル・エコノミクスの創業者で、ジェームズ・ゴードン・ブラウン政権で独立系の経済アドバイザーを務めたことでも知られる。興味深いことにブートル氏は、一九九六年に『デフレの恐怖』（原題：The Death of Inflation: Surviving and Thriving in the Zero Era）を執筆、これは世界的なベストセラーとなった。そこには「何十年にもわたるインフレの時代が終わった」と書かれている。

世界的なデフレの到来を正確に予期したブートル氏が、今度は一転してインフレの到来を宣言した——「デフレの危険は去り、リスクは明らかに逆方向に

主要国の長期金利の推移

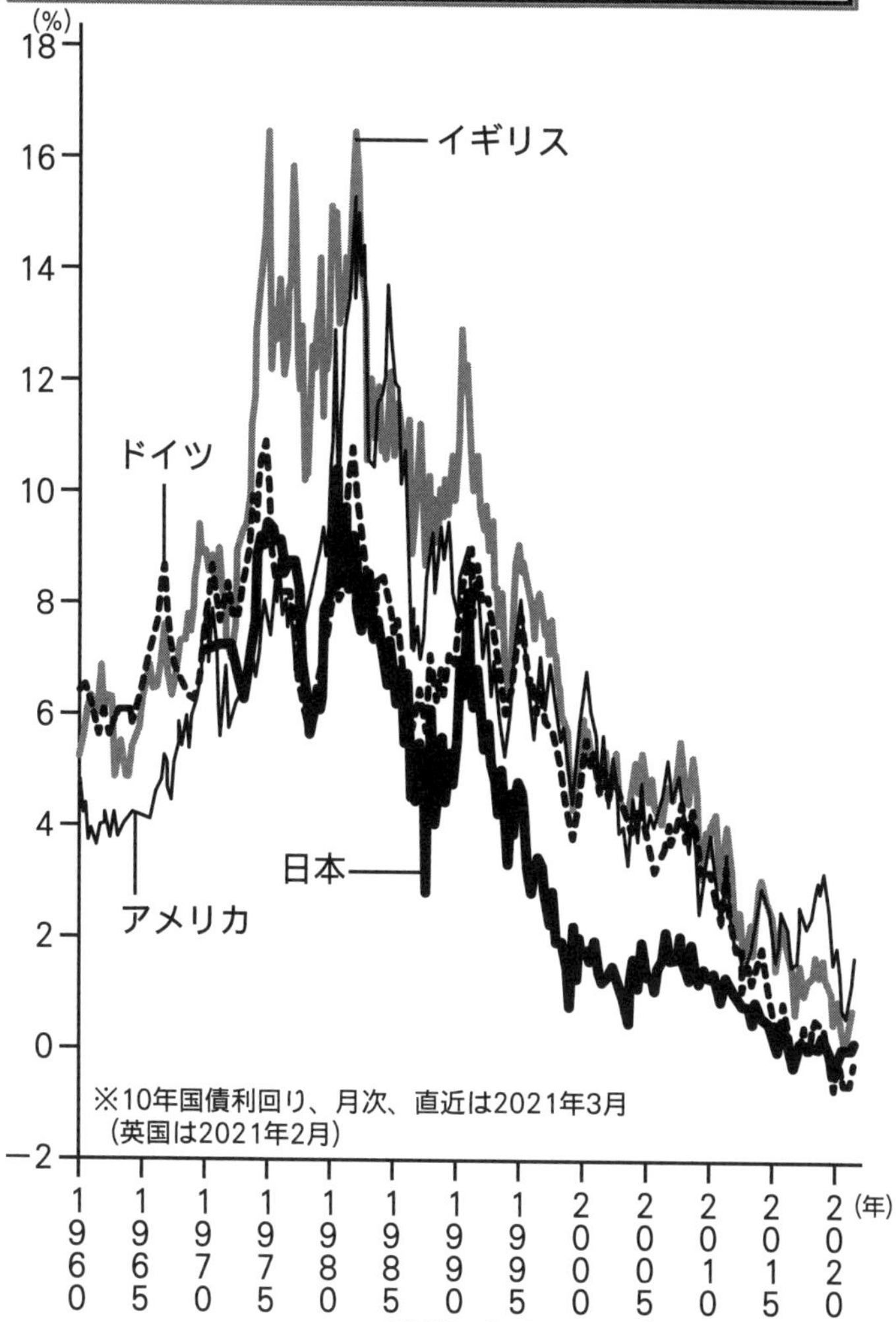

OECD、Ref initivのデータを基に作成

傾斜している。どの程度の高インフレがどれぐらいの期間続くかについては、議論の余地がある。しかし、大変化が起きたということについては、私自身はほぼ疑いの余地がないと考えている」（ブルームバーグ二〇二一年六月七日付）。

二〇二〇年の新型コロナウイルスのパンデミック（世界的な大流行）は、当初こそ「大いなるデフレ」（恐慌）の到来が恐れられた。しかし、デフレの恐怖はにわかに過ぎ去り、二〇二一年になってからは急速にインフレ懸念が台頭している。

世界全体の消費者物価指数（ＣＰＩ）の推移を見ると、過去四〇年、世界はデフレ（ディスインフレ）を経験してきた。中でも日本のデフレは深刻で、私たち日本人は物価が下落することに慣れ切っている。

日本で暮らしていると、普段の生活からインフレを感じることはまずない。そのため、日本人からするとデフレは「当たり前」であり、無意識に「それはこれからも続く」と思ってしまっている。

ところが、世界ではおよそ四〇年ぶりのインフレが現実味を帯びている。もちろん、現時点ではインフレが絶対にくるという確証はない。今後もデフレが

米国の個人消費支出物価上昇率

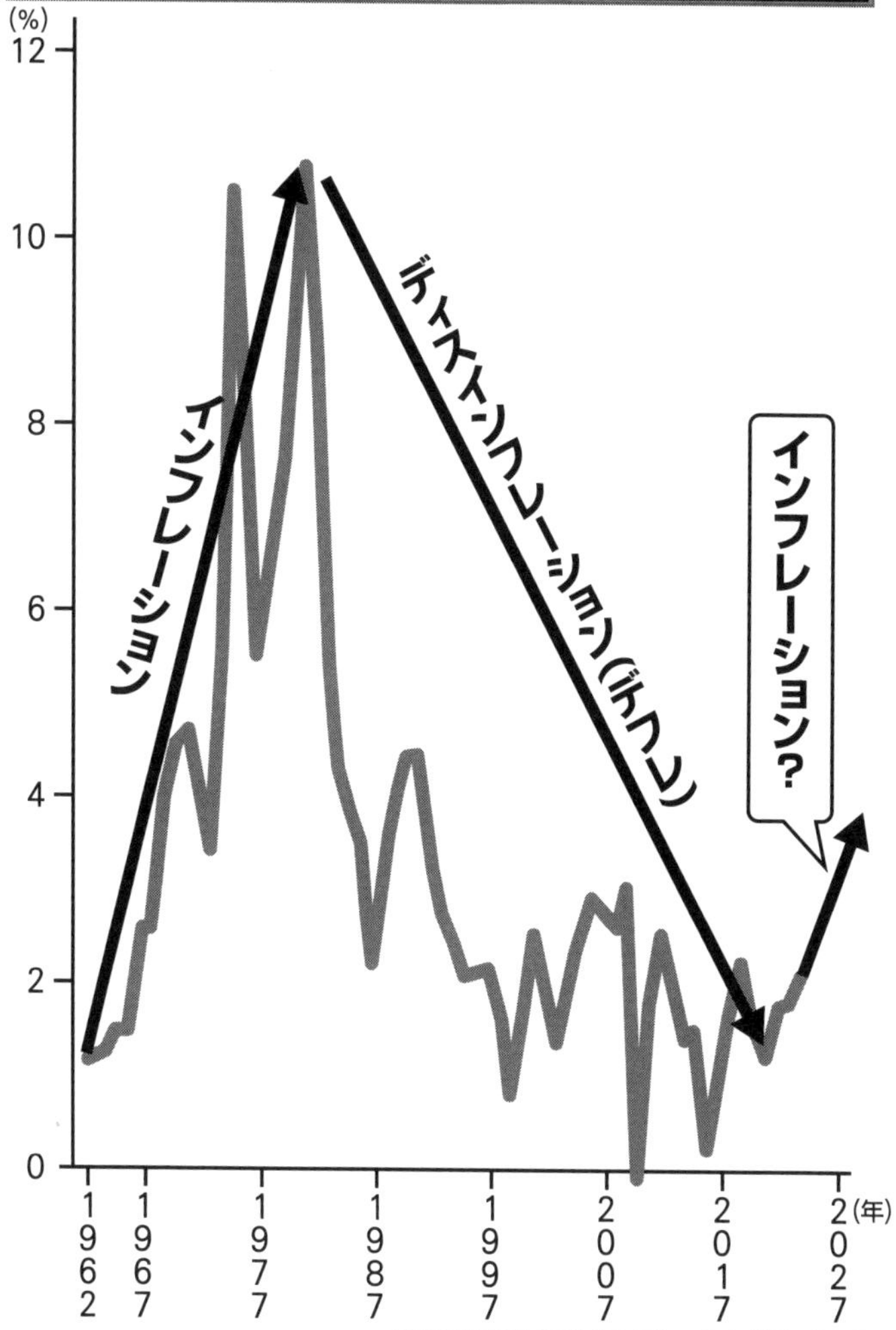

www.CEICDATA.COMのデータを基に作成

続く可能性も否定できず、デフレに慣れた日本人からするとそう考える方がすんなりとくる（インフレなど想像すらできないといった方が正しいかもしれないが）。少なくともここ日本では、過去三〇年の間にインフレの到来を予言してきた人間は例外なく「オオカミ少年」の扱いを受けてきた。私も、その一人である。しかし今回は、本当にインフレがやってくる可能性が高い。過去三〇年で、今ほどインフレが現実味を帯びたことはないと自信を持って言える。

そして、仮に〝インフレ襲来〟となれば、世界経済にとってまさに〝大どんでん返し〟だ。過去三〇年の〝常識〟が覆るのである。では、なぜ過去三〇年間で最もインフレが現実味を帯びていると言えるのだろうか？　その理由は「金利の四〇年サイクル」と「過去二〇〇年で最大規模の金融刺激策」にある。

一七ページのチャートをご覧いただきたい。「世界の金利」と言われるアメリカの長期金利は、四〇年間を軸に大きく上下を繰り返していることがわかる。

一度目のピークは一九一八年前後の四％強で、そこから下落に転じ一九四三年前後に大底、すると今度は一九六〇年代～一九七〇年代から急上昇に転じ、

アメリカの長期金利サイクル

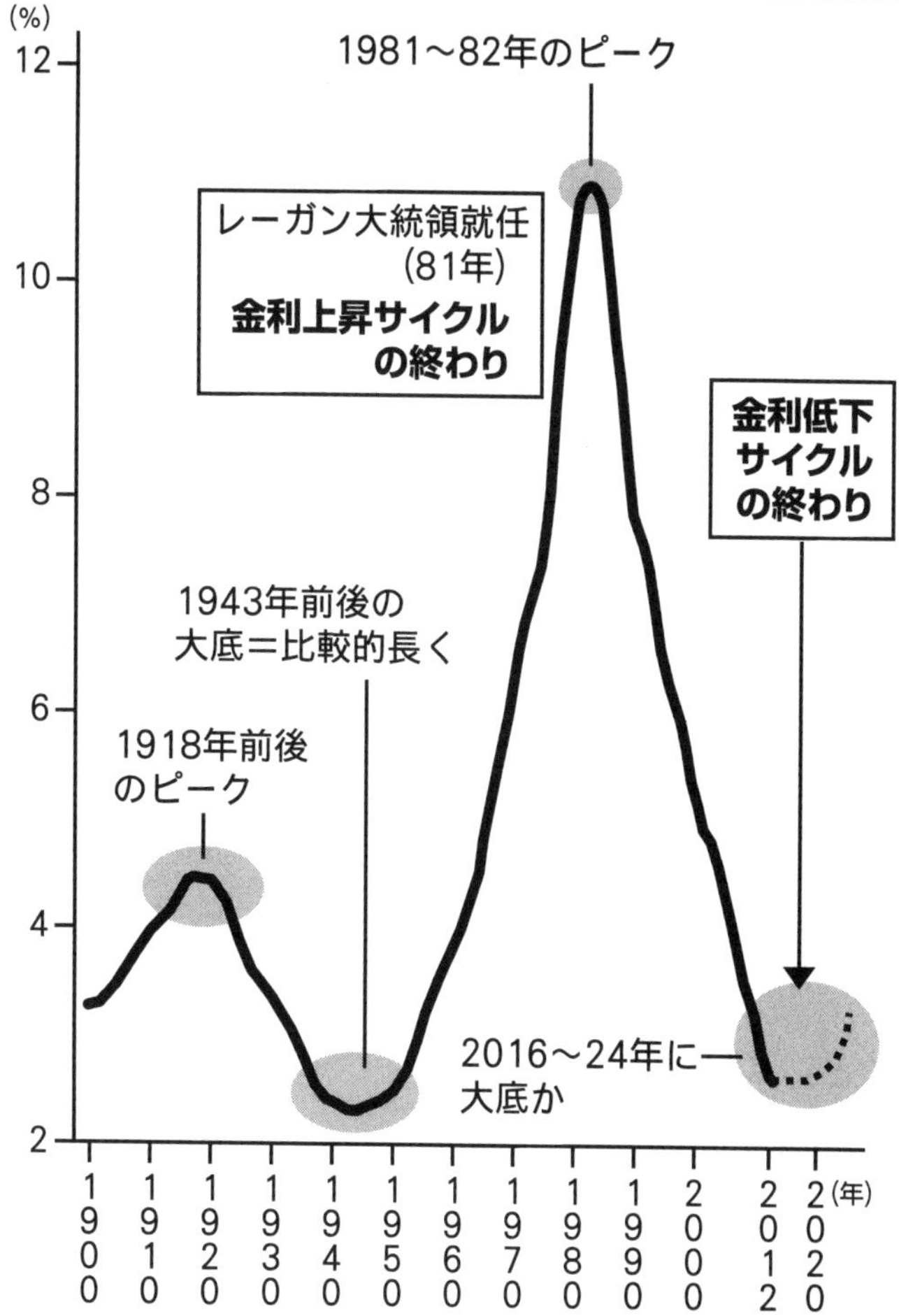

イェール大学ロバート・シラー教授、
三菱ＵＦＪモルガン・スタンレー証券のデータを基に作成

一九八一～八二年にピークを付けた。そして、そこから金利低下の四〇年間が始まっている。

この先もアメリカの長期金利が四〇年サイクルを繰り返すとは限らないが、二〇二一年は金利の大底圏に位置している可能性は極めて高い。コロナショックの最中の二〇二〇年三月九日に、米国債（一〇年物）の利回りは「〇・四〇三％」を付けたが、この数字はやがて経済の教科書に記載されることになるだろう。すなわち、今回の金利サイクルの〝大底〟としてである。

米国債の強気派は、二〇一六年の教訓から今回の「〇・四〇三％」が大底だとは認めていない。二〇一六年の教訓とは、同年七月六日に付けた「一・三二二％」を市場関係者の多くが大底だと誤って判断してしまったことだ。実際に二〇一六年七月六日の一・三二二％から金利は上昇に転じ、二〇一八年一一月八日には三・二四五％を付けたのだが、これがピークとなり再び下落に転じたのである。そして、結局は二番底（今回の〇・四〇三％）を付けた。こうした経験から、債券の強気派はさらなる金利低下の可能性を信じて疑わない。

確かに、四〇年も続いた米国債の強気相場が一晩で終わることはないだろう。強気派の中には米国債のマイナス利回りを予想する声もあり、そうした展開も完全に否定できるものではない。しかし、どんなに遅くとも二〇二四年までには、金利は本格的な上昇サイクルに転じるだろう。今が大底圏に位置していることは、まず間違いない。

私が懇意にしているカギ足アナリストの川上明氏も、「今が金利の大底」という分析に同意する。川上氏は「この先に三番底が待っている可能性もなくはないが、大した問題ではない。今の私たちが（金利の）長期サイクルの大底圏にいることは、まず間違いないだろう」と述べた。ちなみに私は「〇・四〇三％」が大底で、すでに本格的な上昇トレンドに入ったと考えている。

過去四〇年のデフレで、日本人を筆頭に「金利は下がるもの」という考え方が染み付いた。インフレの到来は、その常識を完全に覆す。そのインパクトを過小評価すべきではない。

ブルームバーグ（二〇二一年六月三日付）によると、世界最大の資産運用会社である米ブラックロックのローレンス・フィンク最高経営責任者（ＣＥＯ）は、二〇二一年六月二日にドイツ銀行が主催したバーチャル会議で、「大部分の人々は四〇年を超えるキャリアを持たず、過去三〇年余りにわたりインフレ率が鈍化した経験しかない。その意味でこれはかなり大きな衝撃になるだろう」と指摘。インフレ急加速の可能性を、投資家は過小評価している恐れがあると語った。フィンク氏は、アメリカがインフレ高進に悩まされていた一九七六年に金融のキャリアをスタートさせている。その後の一九八〇年三月に、アメリカの消費者物価指数（ＣＰＩ）の上昇率は一四・八％に達した。

インフレの到来は、市場を文字通り〝一変させる〟可能性を秘めている。米ウォール・ストリート・ジャーナル（二〇二一年六月二日付）は、「インフレ懸念する米投資家、市場の大変動を予想」と題し、インフレの到来が向こう三〇年の市場の動きを根本から変える可能性もあると指摘した。この詳細は、のちほど改めて述べたい。

兎にも角にも、可能性が高まっている以上、私たちは「四〇年ぶりの大転換」

を強く意識する必要がある。インフレの到来は、私たちの暮らしを一変させるばかりか、インフレをきっかけとして深刻な財政危機が誘発される恐れも否定できない。インフレは、それほどまでに破滅的な変化となり得る。

大げさに聞こえるかもしれないが、二〇二〇年代はインフレ対策を怠ることが〝命取り〟となりかねない。私は真剣に、そう思っている。

コストプッシュ・インフレ席巻——一過性ではすまない可能性も

「ロシアではこのところの生鮮食品の値上がりで、多くの国民にとって物価の目安となるいわゆるボルシチセット（ロシア人が好むスープに使われる各種の野菜）の価格が上昇。じゃがいも、キャベツ、ニンジンの値段は年初から六〇〜八〇％も上昇している」（ウォール・ストリート・ジャーナル二〇二一年六月一八日付）。二〇二一年は、多くの国が食糧価格の高騰に揺れている。

国連食糧農業機関（ＦＡＯ）が算出する世界食料価格指数は二〇二一年五月、

二〇一一年九月以来の高水準となり、過去一〇年で最長となる一二ヵ月連続の上昇を記録した。食糧価格が高騰している背景には、コロナ禍から脱却している国々での需要増、各国政府の備蓄、世界的な輸送コストの上昇（運送の遅れ）、原材料や飼料の価格上昇など複数の要因が重なりあっている。FAOのシニアエコノミスト、アブドルレザ・アバッシアン氏は「多くの場所で食料インフレが現実になっている。これはすぐに消え去るものではない」（フィナンシャル・タイムズ二〇二一年五月三一日付）と警鐘を鳴らす。

食糧価格の高騰によって、お隣の韓国では「ネギテク」なる造語まで生まれた。韓国消費者団体協議会物価監視センターによると、二〇二一年一―三月期に同国の以下の食料品が前年比で大きな上昇を記録している。卵＝五三％、豆腐＝一七・四％、食用油＝七・四％、パックご飯＝七・一％、ハム＝五・五％、中でもネギが「二七〇％」というすさまじい上昇を記録したため、ネギを自分で育ててお金を節約するという意味で「ネギテク」と名付けられた。

韓国ソウル市の永登浦区で暮らす主婦のコさん（五二）は、大手紙「朝鮮日報」（二〇二二年五月五日付）の取材に対し「最近、大型スーパーに行くのが怖い。今年初めまでは家族四人分の買い物をするのに一〇万ウォン（約九七〇〇円）あれば十分だったが、このごろは二〇万ウォン（約一万九〇〇〇円）でも足りない時があるからだ。コさんは『おかずの数を減らすしかない。韓牛（高級韓国産牛肉）コーナーには一—二ヵ月行っていないと思う』」と語っている。

食糧だけではない。たとえば、アメリカでは材木価格が二〇二二年五月までの一年間で五倍となり、史上最高値を記録している。このほかにも銅、鉄鉱石、鉄鋼価格などが二〇二一年になって過去最高値を更新した。

最初は鉄鉱石・銅・米・小麦などの原材料から始まった価格上昇は、やがて鉄鋼・繊維などの中間財におよび、さらには生活必需品や食料品などの消費財に移りつつある。世界中で広がる半導体不足も心配だ。「国際商品価格の高騰が世界経済の回復に影を落としつつある。ぜい弱な企業や家計の足かせとなっており、インフレが定着するとの懸念が強まっている。商品価格がここまで軒並み高となったのは、世界的な金融危機の初期以来で、その前は一九七〇年代だ」

（ウォール・ストリート・ジャーナル二〇二二年六月八日付）。

こうした、主に供給制約による物価上昇を「コストプッシュ型インフレ」と言うが、過去の傾向からするとこのコストプッシュ型は、需要増に起因した「需要プッシュ型インフレ」よりも一過性であることが多い。そうしたことから、FRB（米連邦準備制度理事会）をはじめとする各国の金融当局者たちは「このインフレはじきに終わる。そこまで心配する必要はない」と口を揃える。

彼らの言う通り、インフレが一過性であればそこまで問題視する必要はない。しかし、エネルギー価格や物流コストの高止まり、それに半導体不足によって、今回のコストプッシュ型のインフレは想定より長引く恐れがある。

まず、原油は一バレル＝一〇〇ドルに向かうかもしれない。新型コロナウイルスのパンデミックによって、原油価格（先物）は一時マイナスという異常事態となったが、その後は一本調子で上昇。本稿執筆時点（二〇二二年六月末時点）では原油価格の二大指標として知られる「北海ブレント先物」と「WTI先物」はどちらも七〇ドル台まで戻ってきている。

原油トレーダーの次なる焦点は、一〇〇ドル復帰だ。二〇二一年六月八日付のウォール・ストリート・ジャーナルは、原油トレーダーらが「ブレンド原油とウエスト・テキサス・インターミディエート（ＷＴＩ）原油の価格が来年末（編集部注：二〇二二年末）までに一〇〇ドルに達すると見込むコールオプション（買う権利）を購入している」と報じている。

バンク・オブ・アメリカ（Bank of America）も原油価格の一〇〇ドル復帰を予想した。バンク・オブ・アメリカはリポートで、コロナ禍からの景気回復で世界の原油消費が二〇二二年に供給を上回り続ける一方、環境面の懸念で新たな生産への投資は妨げられていると分析。商品調査責任者のフランシスコ・ブランチ氏（ニューヨーク在勤）は、「大量の繰り越し原油需要が解き放たれる準備は整っている」（ブルームバーグ二〇二一年六月二一日付）と記した。

こうした予想は往々にして外れるものだが、私も原油価格がある程度の水準で高止まりすると見ている。もし一〇〇ドルを超えるようなら、相当なインフレ圧力となるはずだ。

海運業界の混乱も、収まる気配がない。現在、需要の急拡大やコンテナ不足、飽和状態の港湾、船舶やドック労働者の不足といった要因が重なり、すべての海路で輸送能力が低下している。

運賃価格のバロメーターとして知られるバルチック海運指数（ロンドンのバルチック海運取引所が発表する外航不定期船の運賃指数）は、コロナショック時に「三九三」という歴史的な低水準を記録したが、その後まさにV字で回復し、この本を執筆している二〇二一年六月には「三二六七」と、これまた記録的な高水準に達した。底値からは、およそ八倍に高騰している。

ブルームバーグ（二〇二一年六月一四日付）は「世界的な海上輸送コスト高騰、日用品の値上がり招く恐れ」と題し、「ドリューリー・シッピング・コンサルタンツのデータによると、四〇フィート型コンテナの上海からオランダ・ロッテルダムまでの海上輸送運賃は現在、過去最高の一万五二二ドル（約一一六万円）と、この五年間のシーズン平均の六・四七倍に達している。

物品貿易全体の八〇％以上が海上輸送であることから、海上運賃高騰は玩具

中国から米西海岸へのコンテナ運賃の推移

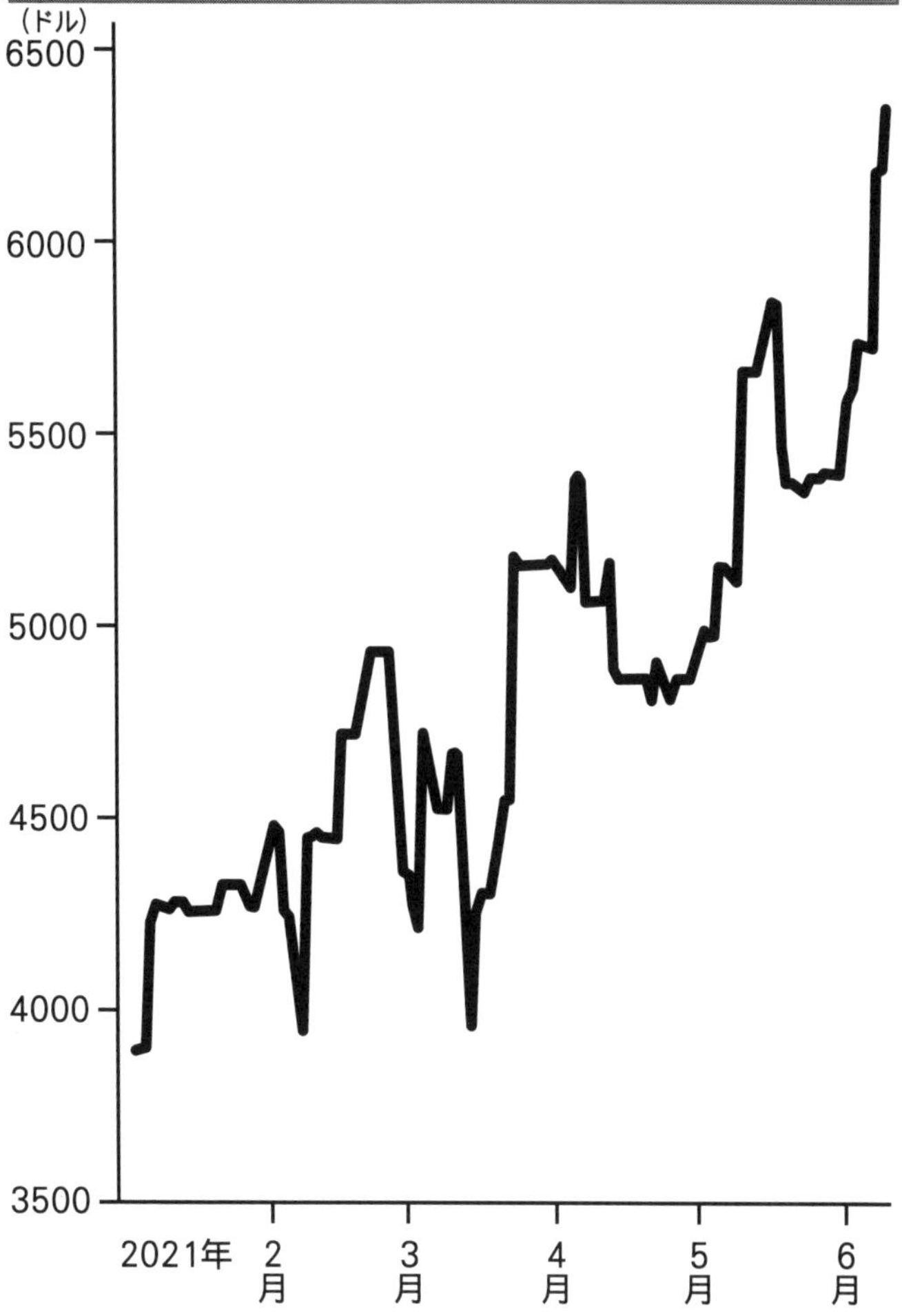

フレイトス・バルチック国際コンテナ指数のデータを基に作成

や家具、自動車部品からコーヒー、砂糖に至るまで、あらゆる物の値上がりを招く恐れがある。インフレ加速を既に見込んでいる世界の市場の懸念は、さらに強まる見通しだ」と報じた

混乱しているのは、海運だけでない。アメリカなどでは、深刻なドライバー不足やガソリン価格の高騰で陸路の輸送コストも大きく上昇している。こうした輸送コストの高止まりは、新型コロナウイルス次第だ。感染が収まれば自ずと輸送コストも低下するだろうが、パンデミックの完全な収束までには程遠く、輸送コストが数年にわたって高止まりする可能性は大いにある。

半導体不足も気がかりだ。半導体はスマートフォンやパソコンだけでなく、車や家電製品などありとあらゆる製品に搭載されている。しかし、近年は半導体の設計と製造はいわゆる国際分業体制となっており、今回のコロナ禍でサプライチェーンが分断された。そのため、半導体を搭載したありとあらゆる製品で出荷の遅れや値上がりが生じている。

「コストインフレを目の当たりにしている」（ウォール・ストリート・ジャー

ナル二〇二一年六月二二日付）——米半導体大手ブロードコムのホック・タンＣＥＯ（最高経営責任者）はこう危機感を募らせた。記事は、電子機器部品の米供給大手ディジキー・エレクトロニクスが、二〇二一年に入って供給ひっ迫による圧力から半導体関連部品を約一五％値上げしたと伝えている。

このように、原材料価格の高騰、輸送コストの上昇（輸送の遅れ）、半導体の供給不足といった多くの要因で、一気にコストプッシュ型インフレが世界中で顕在化した。国際金融協会（ＩＩＦ）がまとめた二〇二一年六月の報告書によると、世界中の製品コストを押し上げている部品供給の遅れは二〇二二年にかけて続き、世界的なインフレ懸念を高める可能性が高い。報告書は、「近年、これほどの状況に陥ったことはない」（ウォール・ストリート・ジャーナル二〇二一年六月二一日付）と断じる。

繰り返しになるが、こうしたボトルネック（供給制約）が永遠に続くことはない。しかし、想像している以上にこうした事態が長引く可能性には注意が必要だ。日常品や家電製品などの値上げが相次ぎ、もし人々のインフレ期待が高まれば、「（値上がりするから）早く買おう」という心理によって、「需要プッシュ型インフレ」に転じる恐れがある。こうなれば、一層厄介だ。

現在のコストプッシュ型インフレが、より強烈なものとなるシナリオも考えられる。それはワクチンが普及してもパンデミックが収束しないという、極めて暗いシナリオだ。ニューズウィーク電子版（二〇二一年五月二九日付）は、「ワクチンVS変異株、パンデミックが想定以上に長引く可能性」と題し、「変異株の続出でパンデミックが想定以上に長引く」可能性は決して低くないと論じた。私は、二〇二二年の春～秋には世界はコロナ禍を脱却すると見ているが、そうでなかった（予想より長引いた）場合、コストプッシュ型のインフレ圧力は深刻な脅威となろう。

過去二〇〇年で最大の景気刺激策

アメリカのジョー・バイデン大統領は、同国の経済に過去四〇年間で見られなかったほどの〝パラダイムシフト〟をもたらすかもしれない。なぜなら、バイデン政権が打ち出す景気刺激策は過去二〇〇年で最大のものとなり、アメリカ経済を極端なまでに過熱させるリスクをはらんでいるからだ。

一九六五年当時、米国では前年の選挙で勝利したジョンソン大統領が人種的不公平の是正と一段と公正でより良き経済・社会の実現を約束し、マーティン連邦準備制度理事会（ＦＲＢ）議長は前年の金融政策運営に満足感を表明していた。インフレ率は過去何年にもわたり二％を下回ってきたが、景気拡大ペースは急加速し、同年はその後の狂乱物価の幕開けを告げる年となった。

そして二〇二一年、再び景気過熱をもたらすような多額の財政支出と超緩和的な金融政策運営の下で、五六年前と同様の物価上昇トレンドが始まろうとしているのではないかと専門家の一部は懸念している。

（ブルームバーグ二〇二一年五月二五日付）

アメリカではＦＲＢ（米連邦準備制度理事会）がコロナショックを受けて二〇二〇年三月に始めた大規模な資産買い入れで政府を実質的にサポートする形で、過去に例を見ないほどの財政出動が行なわれている。ちなみに、ＦＲＢのバランスシートは二〇二〇年三月から二〇二一年六月までに約二倍に拡大、初めて八兆ドルを突破した。これが、九兆ドルまでは拡大すると見られている。

これまでのコロナ禍における米国の財政出動は、ドナルド・トランプ政権が打ち出した二〇二〇年三月一八日の二〇〇〇億ドル、三月二七日の二兆二〇〇〇億ドル、四月二四日の五〇〇〇億ドル、一二月二七日の九〇〇〇億ドル、そしてジョー・バイデン大統領が二〇二一年三月一〇日に成立させた一兆九〇〇〇億ドルと、本稿執筆時点（二〇二一年六月末時点）の合計は、実行ベースで五兆七〇〇〇億ドルだ。

これに加えてバイデン大統領は、二〇二一年度と二〇二二年度は共に六兆ドル規模の巨額の予算を成立させようとしている。これは対ＧＤＰ（国内総生産）比で三三％という、平時ではアメリカの歴史上でも最大規模の予算だ。

これとは別に、バイデン大統領は選挙の公約で「米国雇用計画」として向こう八年間で二兆三〇〇〇億ドル、また「米国家族計画」として向こう一〇年間で一兆八〇〇〇億ドルの支出を発表している。

バイデン大統領が率いる現在の民主党は、「大きな政府」への回帰を標榜しており、言ってしまえば彼らの政策は壮大なばら撒きのオンパレードだ。それゆえ、こうしたバイデン政権による積極財政には保守層を中心として「アメリカ経済をあまりに過熱させ得る」との批判が続出している。

保守系のウォール・ストリート・ジャーナルは、二〇二一年五月三一日付の社説で「六兆ドル予算の男、その名はバイデン」と題し、「この意図的に拡大された歳出規模は、平時の米国では前例のないものだ。連邦議会でわずかな差の過半数しか確保していない民主党は、これだけの予算について国民の負託を得ているとは言えない。それにも関わらず民主党は、この予算の大半を、無理やり押し通そうとしている」と批判。バイデン氏の提案が承認された場合、「いま揺りかごにいる米国民は、現在の政治家たちが墓に入ったあとも長きにわたって代償を払い続けなければならない」と断じた。

長らくジョージ・ソロス氏の右腕として活躍したスタンレー・ドラッケンミラー氏も、二〇二一年五月一一日のCNBC（アメリカの経済専門チャンネル）で「金融・財政政策がこれほど経済情勢からずれている局面を歴史上見たことがない」と発言、「最も過激な政策であるのは間違いない」（ブルームバーグ二〇二一年五月一二日付）と断じている。ちなみに、ドラッケンミラー氏はかねてから「コロナ後はインフレになる」と予想してきている。

ビル・クリントン政権下で財務長官を務めたローレンス・サマーズ氏も、批判の輪に加わっている。サマーズ氏は、「バイデン大統領の経済対策の規模は『大き過ぎる』」とし、二〇二一年末時点の「インフレ率が五％に『かなり近く』なる」（ブルームバーグ二〇二一年六月二九日付）との見通しを示した。

こうした批判に対して、前述したようにバイデン政権もFRB当局者も「インフレはあくまで一過性」との見解を繰り返している。

果たして、本当に一過性ですむのだろうか。私は、「極めて危うい」と見る。

米税収と支出の対GDP比（1944年〜2026年）

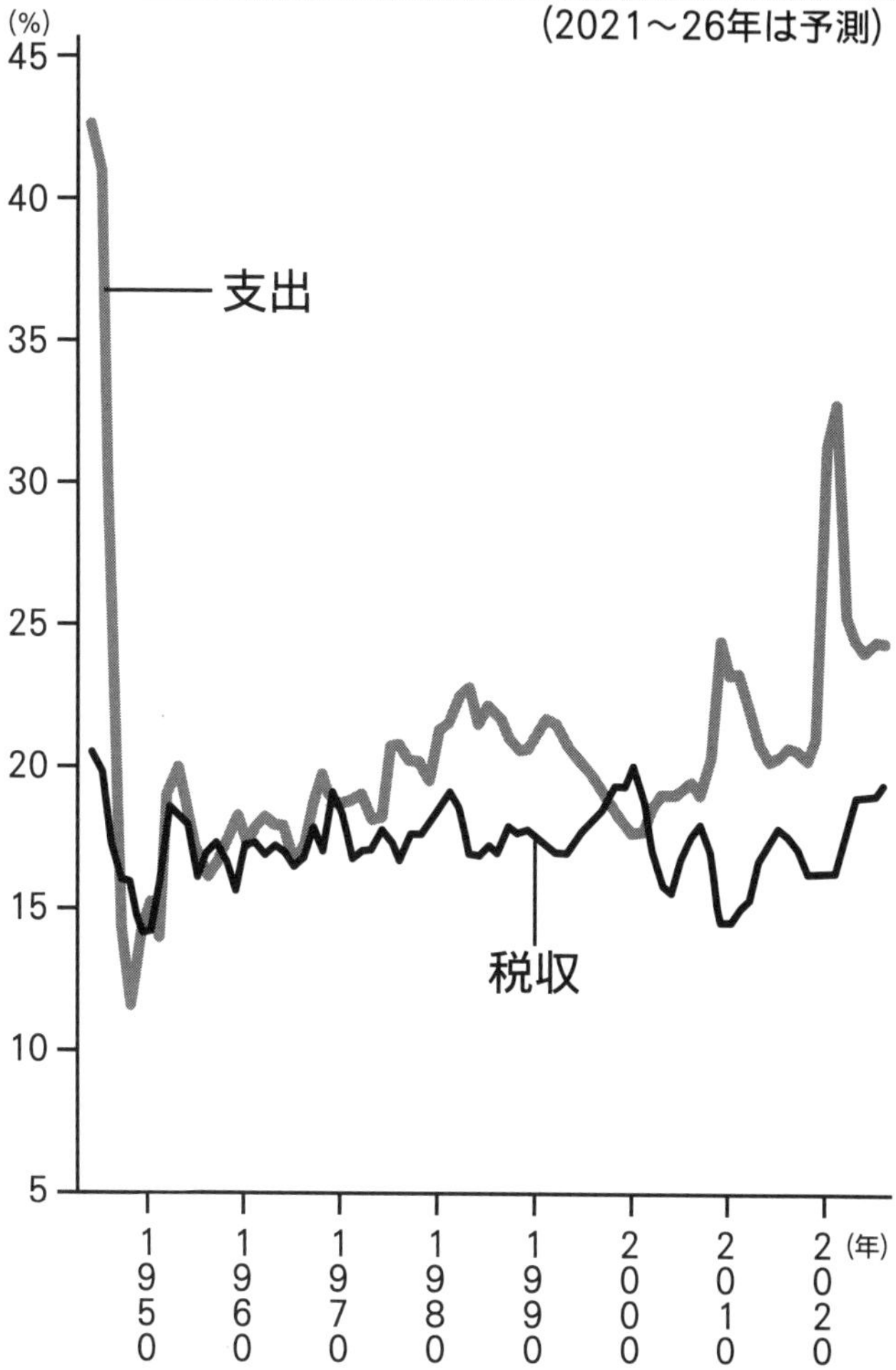

米行政管理予算局（OMB）のデータを基に作成

現実味を帯びる一九七〇年代型のインフレ

まず、アメリカではＦＲＢの金融緩和と積極財政によってＭ２（現金や預金に代表される広範なマネーサプライの指標）が二〇二〇年に大規模な増加を示した。二〇二〇年末時点のそれは一九兆二八九八億ドルと前年比で二四・九％増加している。三七ページのチャートをご覧いただきたい。これはアメリカの第二次世界大戦からのＭ２とインフレ率のチャートなのだが、Ｍ２が大きな伸びを示した際は往々にして時間差でインフレ率も上昇していることがわかる。

現在の状況と類似点が多いと指摘されるのが、一九六〇年代の低金利（三九ページの金利とインフレ率のチャートをご参照いただきたい）と一九七〇年代のインフレだ。当時のアメリカは、ベトナム戦争やリンドン・ジョンソン大統領の「偉大なる社会」計画に対してアメリカ政府が巨額支出を行なっていた頃で、アーサー・バーンズ議長（当時）が率いるＦＲＢも実質的に政府に従属し、

米年間マネーサプライ伸び率vsインフレ率

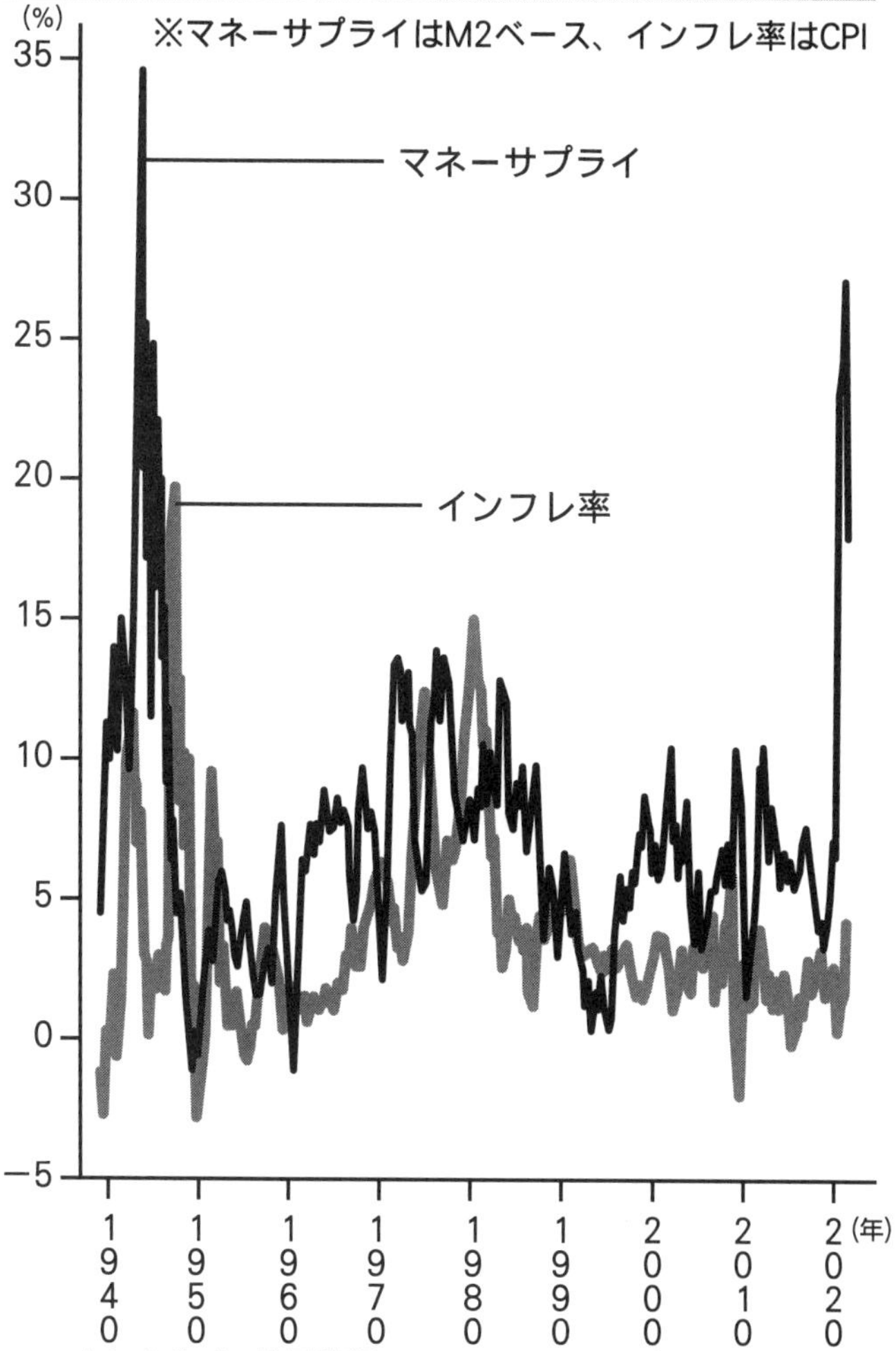

セントルイス地区連銀、NBER、シティのデータを基に作成

ＦＲＢ職員の抗議を無視する形で低金利を続け、その結果マネーサプライが著しい伸びを示したのである。そして、一九七〇年代にはインフレが定着した。

三九ページのチャートを見ればわかるが、今回のＭ２の伸びは一九六〇年代や一九七〇年代のそれの二倍以上となっている。「今までがデフレだったから今後もそうだ」という論調には、まったく根拠がない。一九七〇年代にも、長らく続いたデフレのあとに突如としてインフレが猛威を振るっている。

近代の経済学をもってしても、インフレ発生のメカニズムについてはいまだに不明な点が多く、「インフレが死に絶えた」と結論付けるのは危険だ。

ドイツ銀行は二〇二一年六月七日付のレポートで、「政府支出の拡大と金融緩和が重なる現在の状況は、一九四〇年代や一九七〇年代のインフレと同じような事態を生み出す可能性がある」と警鐘を鳴らす。具体的には、ＦＲＢの「準備不足」に対しての不安を記した。この「準備不足」とは、ＦＲＢがインフレ率の上昇に重きを置かず「雇用」を最優先としている姿勢を指す。事実、ＦＲＢはコロナ禍で失われた雇用を取り戻すまでは、たとえインフレ率がオーバー

米金利 vs インフレ率

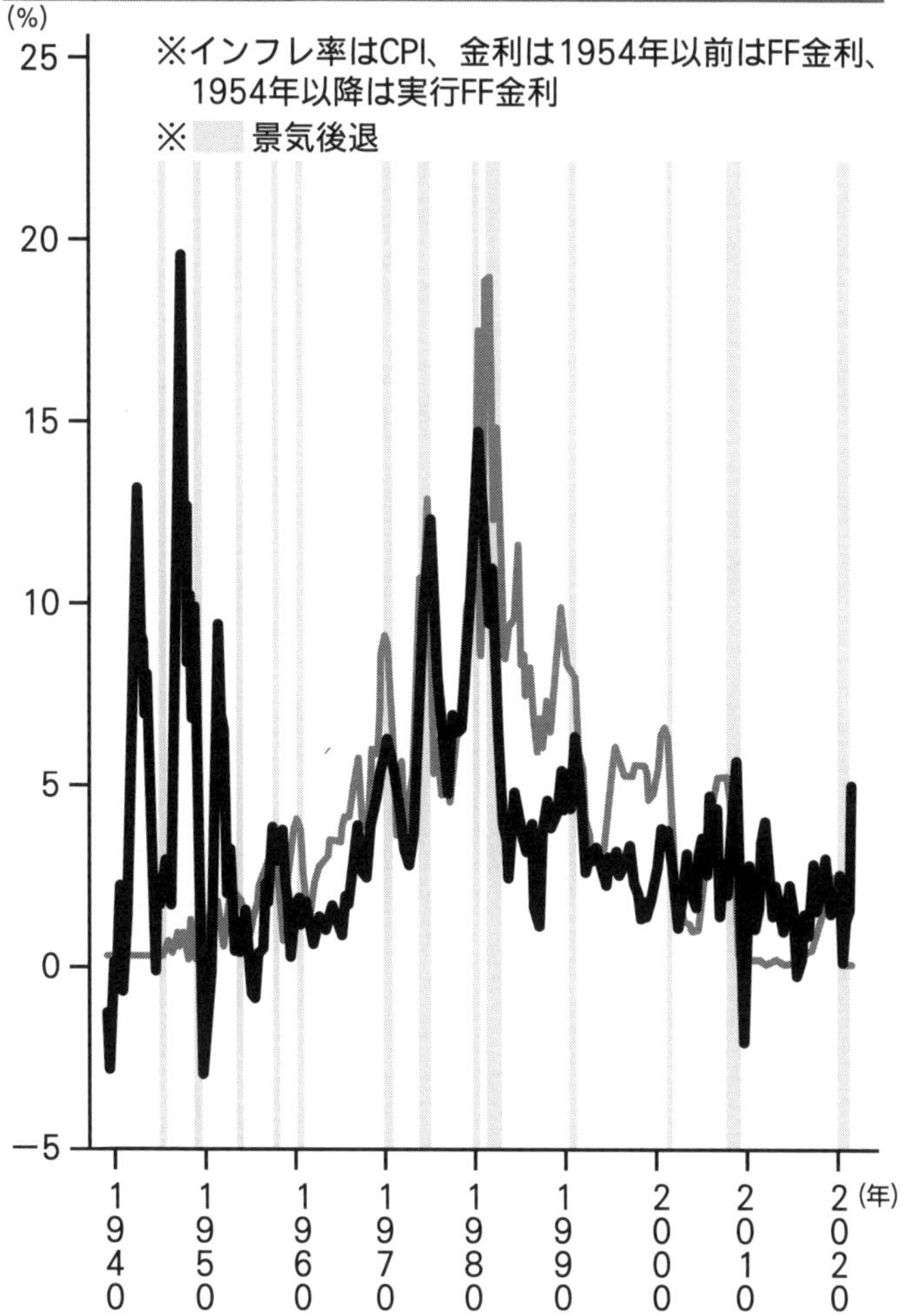

セントルイス地区連銀、キャピタル・マーケッツ・データ
のデータを基に作成

シュートしても静観（金融緩和を継続）する構えだ。

しかし、新型コロナウイルスのパンデミックは人々の仕事に対する意識を半ば恒久的に変えてしまい、以前のような完全雇用が実現する可能性は遠ざかっている。すなわち、失業率は長期にわたって高止まりするかもしれないのだ。

「新型コロナウイルス感染症（COVID19）に対する根強い懸念、特に変異株『デルタ』の感染が憂慮すべき勢いで広がっていること、および育児に関わるさまざまな問題が職場復帰への妨げとなっている。失業保険給付が一時的に拡充されていることも、急いで仕事に就く必要性はそれほどないとの思いを人々に抱かせているほか、仕事を一段とえり好みする傾向につながっている」（ブルームバーグ二〇二一年六月二九日付）。

それでもFRBが雇用を優先し続ければ、インフレ率が急上昇してしまうかもしれない。前出ドイツ銀行のレポートは「新たな政策枠組みにおいて、先手的な措置から遠ざかっているFRBの動きは、結局は後手に回り、経済活動に大幅な混乱をきたさずにインフレの問題に効果的に対処するのに手遅れになる

米国債利回り・金利・インフレ率の推移

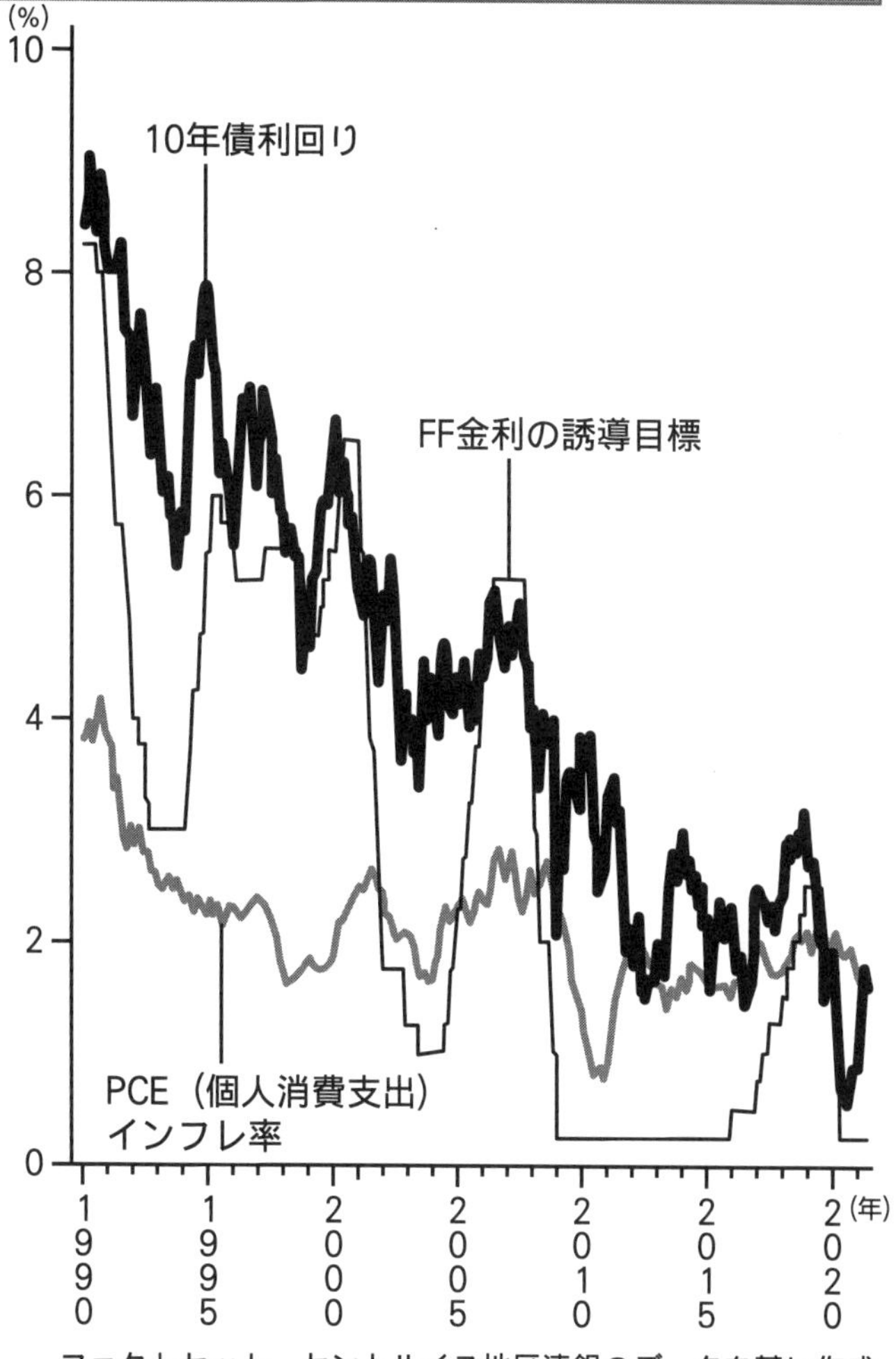

ファクトセット、セントルイス地区連銀のデータを基に作成

リスクを高める、最も重要な要素である」とし、インフレが発生した場合には、ＦＲＢが強硬な対応を行ない、「深刻な不況を生み、世界中に財政難の連鎖を引き起こす」可能性もあると警告した。もしインフレが発生すれば、それは大惨事のきっかけとなるだろう。すでに、ウォール・ストリート・ジャーナル（二〇二一年六月二日付）がインフレの到来が向こう三〇年の市場の動きを根本から変える可能性もあると指摘したと記した。

四三ページのチャートを見ると、多少の紆余曲折はありながらも過去四〇年間は債券と株価が共に一貫して上昇してきたことがわかる（債券の利回りの低下は債券価格の上昇を意味する）。

前出ウォール・ストリート・ジャーナルは上昇相場の背景として、一九九〇年代後半以降は株価のボラティリティが高まった（すなわち株価が大きく下落した）場合、「投資家は、ＦＲＢの利下げと二〇〇八年からは債券買い入れによって上昇した債券価格にすがった。これは株の損失を和らげる収益をもたらした。その後、緩和策が貸出を後押しし――銀行によるものだけでなく債券市

株価指数と債券利回り

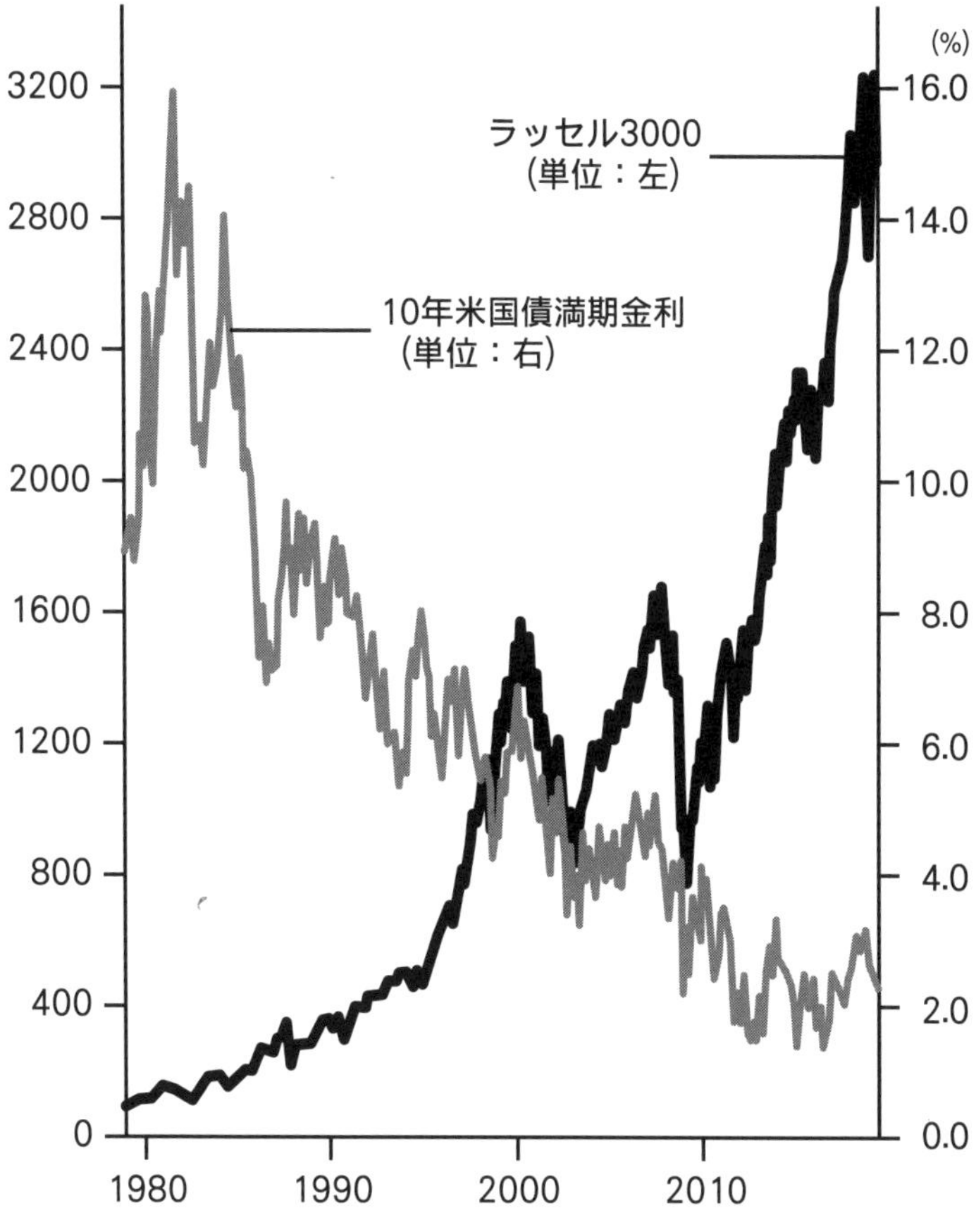

Board of Governors,FTSE Russellのデータを基に作成

場においても――株価も再び上昇した」というパターンが出現してきたと指摘。そして、このサイクルはインフレ率が低位安定していたために機能してきたとし、仮にインフレがやってくればこうした状況が一変する可能性があるとした。

インフレ率が高止まりした世界では、仮に株価のボラティリティが高まったとしても、FRBは逆に金融を引き締めなくてはならなくなるというわけだ。アーテミス・キャピタル・マネジメントのクリストファー・コール最高投資責任者（CIO）は、「（今までの好循環は）悪循環に変わるだろう」と断じる。

ちなみに一九七〇年代のインフレでは、債券も株価も低迷し金《きん》価格だけが輝きを放った。カギ足アナリストの川上明氏も、二〇二〇年代のビッグトレンドとして「債券バブルの崩壊」を挙げる。同氏は「債券バブルの崩壊（世紀の債券売り）が、かつてない収益機会となる」と言う。

結論からすると、今の私たちはおよそ四〇年ぶりとなるインフレへの転換点に位置している可能性が高い。そして、そうなるとすべての常識が覆って行くことだろう。過去四〇年は、低金利をいいことに「借金」の時代であった。金

米企業債務残高の対GDP比（四半期）

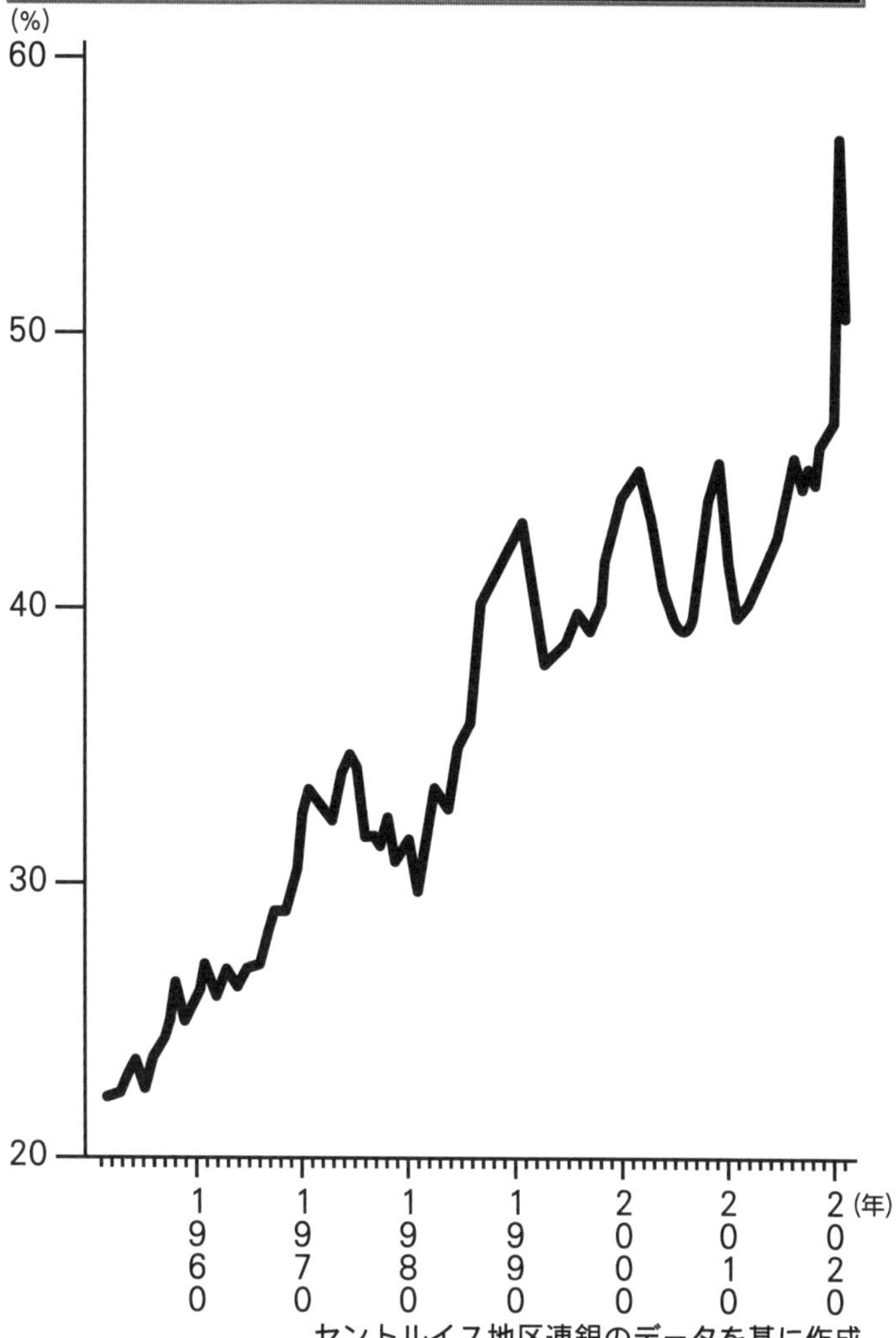

セントルイス地区連銀のデータを基に作成

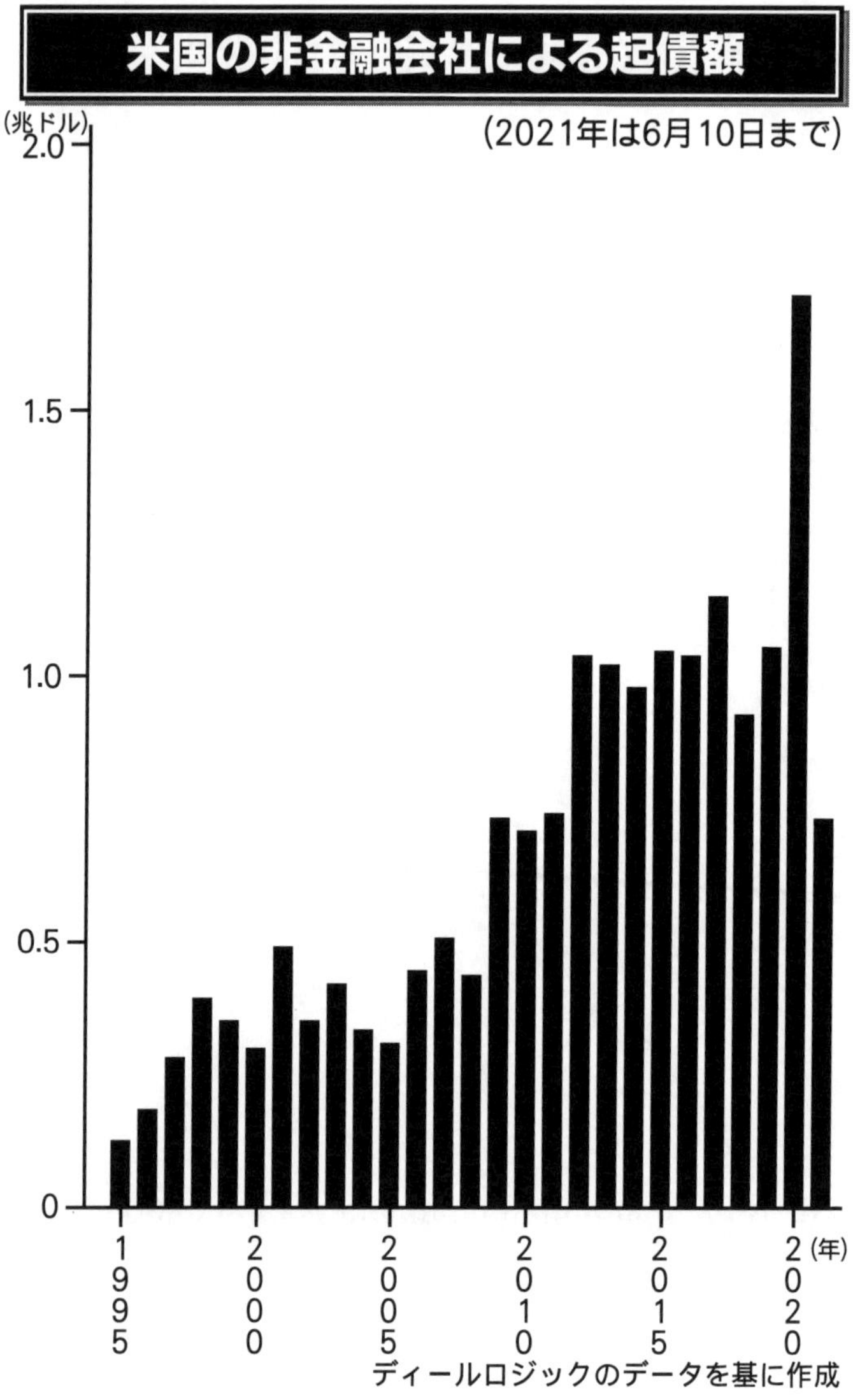
米国の非金融会社による起債額
(兆ドル)
(2021年は6月10日まで)
2.0
1.5
1.0
0.5
0
1995
2000
2005
2010
2015
2020
(年)
ディールロジックのデータを基に作成

米投資適格社債の平均利回り（月次）

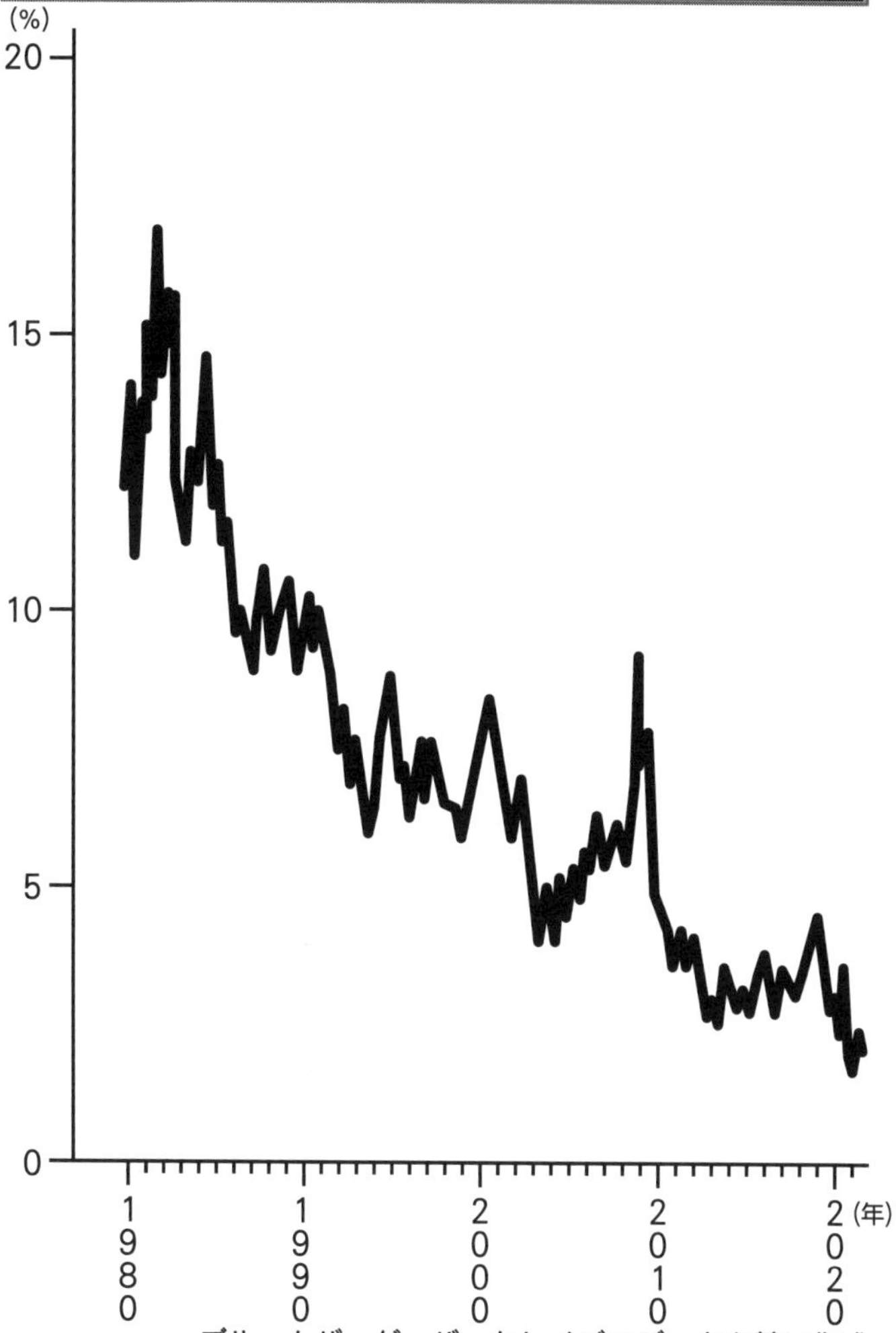

ブルームバーグ・バークレイズのデータを基に作成

利が趨勢的に低下してきたため、債務者にとっては借り換えのたびに金利の負担が少なくなるという、とても良い時代だったと言える。それが金利上昇トレンドとなれば、債務者にとってはまさに〝天国から地獄〟だ。

IIF（国際金融協会）によると、全世界の総債務残高（政府、企業、家計、金融の合計）のGDP（国内総生産）比は、二〇一九年末の三二一・四％から三五五・八％と、かつてないほどの上昇を見せている。まさに〝債務まみれの世界経済〟と言って差し支えないが、インフレの到来は金利上昇によって債務者に極めて深刻な打撃をおよぼすはずだ。英バークレイズも二〇二一年五月二五日付の調査レポート「エクイティ・ギルト」で、「世界的な金利の底打ちで、これからは各国にとって多額の借り入れを抱えることがより重大な意味を持ってくる」（ロイター二〇二一年五月二六日付）と警鐘を鳴らす。

インフレ到来となれば、本格的に債務が発散する（右肩上がりで上昇し続ける）時代がやってきそうだ。個人や企業だけでなく、〝国家までもが潰れる時代〟の幕開けと言えよう。

第二章

一九七〇年代、悪夢のインフレ
——石油パニック、トイレットペーパー騒ぎ

原油価格は三ヵ月で四倍に！　第一次オイルショック時の「油断」

二〇二〇年春、ドラッグストアやスーパーの店頭からマスクが消えた。

一月の時点では、新型コロナウイルスはまだ中国の問題だったが、年初からマスクの売れ行きは拡大していた。中国での新型コロナウイルス感染拡大が報道され、日本にいる中国人が買っていたようだ。二月に入ると、日本でも感染拡大の懸念が高まり、誰もがマスクを買い始めた。

あるドラッグストアの店長は、こう回顧する。「二月下旬にはマスク在庫が底をついて、仕入れに奔走した。三月に一〇〇枚入りの五〇〇箱を入荷。一日に一〇〇箱ずつ店頭に出すと、連日二時間足らずで売り切れた。『一人一箱』の制限を設けても、買ったあとに上着を脱いだり、めがねをかけたりして何度も買いにきた人もいた。さすがに注意した。一箱一九八〇円で売ったが、ネットでは同じ商品が六〇〇〇円～一万円で値付けされている。悔しくて、高値で転売されないように箱にフェルトペンで値段を書いた」。

三月一五日、政府は「一年以下の懲役もしくは一〇〇万円以下の罰金」という罰則付きの転売禁止規制を講じた。四月一日、安倍晋三首相（当時）はすべての世帯を対象に、布製マスク二枚を郵送で配布すると発表した……。

これは、一年半ほど前の話だから読者の記憶にも新しいことだろう。この頃、ドラッグストアの店頭にはマスクを求める人たちが列を作っていたものだ。しかし、六〇歳以上の読者なら一九七〇年代の「トイレットペーパー騒ぎ」がこんなものではなかったことを記憶されていることだろう。何百人もの主婦がトイレットペーパーを求めてスーパーマーケットに殺到し、日本中からトイレットペーパーが消えたのだ。若い読者のために、このトイレットペーパー騒ぎとはどんなものだったのか、お話しして行こう。

始まりは、第四次中東戦争に端を発した「第一次オイルショック」だ。一九七三年（昭和四八年）一〇月六日、第四次中東戦争（イスラエルとエジプト・シリアの戦争）が勃発。これを契機に一〇月一六日、石油輸出国機構（ＯＰＥ

C）加盟産油国のうちペルシャ湾岸の六ヵ国が、原油公示価格を一バレル＝三・〇一ドルから五・一二ドルへ七〇％も引き上げると発表した。
翌日一〇月一七日にはアラブ石油輸出国機構（OAPEC）が、原油生産の段階的削減を決定。またOAPEC諸国は一〇月二〇日以降、イスラエルが占領地から撤退するまでイスラエル支持国（アメリカ合衆国やオランダなど）への経済制裁（石油禁輸）を相次いで決定した。さらに一二月二三日には、OPEC加盟のペルシャ湾岸の産油六ヵ国が、一九七四年一月から原油価格を五・一二ドルから一一・六五ドルへ引き上げると決定。原油価格は、わずか三ヵ月で四倍に跳ね上がったのである。

これにより、原油価格のみならず石油製品価格も暴騰し、世界経済は大混乱に陥った。その背景には、戦後のエネルギー転換があった。第二次世界大戦後、一九五〇年代に中東やアフリカで相次いで大油田が発見されたことから、石油は世界的に潤沢に供給されるようになって行った。特に一九六〇年代に入って石炭から石油への転換が進み、一九六七年には石炭をしのいで一次エネルギー源の第一位を石油が占めるようになった。

第一次オイルショックが発生した一九七三年には、世界の一次エネルギー消費に占める石油のシェアは四七％強、西側先進国では五三％強、そして日本では実に七七％強にまで達していた。石油は安価で量的にも必要なだけ供給されるものだと、完全に「油断」していたのである。そこに第一次オイルショックが襲いかかった。すでに石油は産業の血液になり、石油製品は衣食住の隅々にまで入り込んでいた。マイカー時代の到来、しかも暖房が必要になる季節、ガソリンや灯油の値段が暴騰した。

こうして、とりわけ石油への依存度が高かったわが国経済は、パニック状態に陥ったのである。政府は緊急の対策としてまず一九七三年一一月以降、一一業種に対して電力と石油の一〇％供給削減措置を取り、さらに石油緊急二法を成立させて一般企業への石油、電力の二〇％削減や民間へのエネルギー節減要請が出された。国民に対しては「節約は美徳」を提言し、マイカー自粛、テレビの放送時間短縮、ネオン中止、ガソリンスタンドの日曜祭日の営業停止などの自粛が行なわれた。

しかし、今回のコロナ禍でマスク転売が横行したように、これを儲けの機会と見てそうした方向に走る輩《やから》はいつの世にもいる。一部企業は原材料の買い占め、売り惜しみ、便乗値上げを行ない、中には「千載一遇の好機」として意図的に「モノ不足」を宣伝する者も現れた。こうした流れの一番最初の現象として、トイレットペーパー騒ぎは起きたのである。

トイレットペーパーを二年分買いだめした主婦

ここまで読まれて、多くの読者は「トイレットペーパーと石油って、どういう関係があるの?」と疑問に思われたことだろう。言うまでもなく、トイレットペーパーは石油化学製品ではない。もちろん、トイレットペーパーを作るのにまったく石油が使われないということはない。トイレットペーパーを生産する紙パルプ産業では紙をつくる際、溶かした原料を乾かすための燃料として重油を用いていた。だから、トイレットペーパー製造と石油とはまったく無関係とは言わないが、燃料を必要とすることから言えば、ほとんどすべての製品がそうなる。だから「石油が値上がりすればトイレットペーパーがなくなる」などというのは、「風が吹けば桶屋が儲かる」に近い話だと考えてよい。

にも関わらず、トイレットペーパー騒ぎが発生してしまったのは、やはり〝不安心理〟によるものだ。当時、「石油の供給制限による生産削減でモノ不足が発生する」という噂が日本中に飛び交っていた。その不安心理に一旦火が点いてしまうと、それこそガソリンのように爆発してしまうのである。

実は当時、製紙業界は石油とは別の問題を抱えていた。前年からパルプの輸入価格の上昇や渇水による十条製紙石巻工場の操業短縮などのため、紙価格はジリジリ上がっていたのだ。一九七三年一〇月一九日には、中曽根康弘通産大臣（当時）が「紙節約の呼びかけ」を発表。先に述べたようなＯＰＥＣ・ＯＡＰＥＣの不穏な発表が相次ぐ中、一〇月下旬には「紙がなくなる」という噂が流れていた。

そして、その時がくる。一〇月三一日朝、中曽根通産大臣（当時）はNHKの主婦向け人気テレビ番組に出席し、紙の節約の協力を求めた。この番組ののち、大阪の千里ニュータウンで〝トイレットペーパーパニック〟が発生した。トイレットペーパー大安売りの宣伝が入った千里ニュータウン内のスーパーの安売りチラシを見て、スーパーを訪れた人々の数はなんと数百人。トイレットペーパーは、数時間で五〇〇個が売り切れた。その後来店した客が、広告の品がないことに苦情を言ったため、スーパーでは特売品でないトイレットペーパーを並べたが、それもたちまち売り切れた。

これは始まりに過ぎなかった。このニュースが当日の某新聞大阪版夕刊に「トイレットペーパーを二年分買いだめした主婦の話」として写真入りで掲載された。のちに経済企画庁は『国民生活白書』（昭和四九年度版）で、「この新聞報道が掲載されるに至って大きな騒ぎになった」と分析しているが、いつの世においても無責任なマスメディアの罪は重い。

翌一一月一日は、朝からさらに長い列ができ、今度は三〇分で売り切れ、そ

店員を押しのけ、買い物をする主婦たち。モノがなくなるという“不安心理”から人々は買いだめに走った。
（写真提供　毎日新聞社／PANA）

れをまた新聞やテレビが報じた。「トイレットペーパーがなくなる!」という不安心理には、完全に火が点いてしまった。

さらに翌日一一月二日朝には、尼崎のスーパーで準備した六〇〇パックが一〇分ほどでなくなる中、八三歳の女性が殺到した人垣に押されて倒れ、足を骨折し二ヵ月の重傷を負う事故が起きた。この女性は、開店直後に大けがを負ったのだが、大勢の買い物客の誰一人として助けの手を差し伸べる者はなく、嵐が過ぎ去ったあと、ようやく店員に発見されたそうだ。

こうしたニュースが報道されればされるほど、不安心理は爆発的に燃え上がり、日本全国に一気に拡大して行った。それまでトイレットペーパーは、主に消費者を商店に足を向けさせるための「特売用商品」として扱われていたが、その性格は一変。特売どころか、定価の倍の値段を付けても売れたという。

さらに、買う量も半端ではなかった。ある卸売り商店では、買いだめに走った主婦が従来は一般商店向けに卸されていた段ボール箱に入ったままの大きなパッケージ単位で買い漁ったことから、一般商店が仕入れる商品まで品不足となった。このため商店は在庫確保に奔走、結果として問屋在庫すら空になった。

こうして、マスメディアの報道や流言飛語によって不安に駆られ高値でたくさんのトイレットペーパーを買った消費者は、それを自宅に山積み保管していたという、あとになっては笑うしかない状況が生まれたのである。

実感としては三〇％を超えていた「狂乱物価」

そして、これは「狂乱物価」の序章でしかなかった。人々が不安心理から買いに走る対象はトイレットペーパーからどんどん拡大して行き、洗剤・砂糖・塩・醬油など生活必需品ほぼすべてにおいて買いだめ騒ぎが起こった。

モノ不足の中、買い求める人々の長い行列が続き、それらの商品が店頭から相次いで姿を消すこととなった。どんな値段を付けても売れるのだから、売る側は当然高値を付ける。特に、物価統制令が出るという噂まで流れた一九七三年一一月一九日には、各品種の駆け込み値上げが相次いだ。

合成樹脂、工業薬品など各メーカーは一斉に五〇％前後の値上げを発表、しかも一一月一五日、または一日に遡っての値上げが多く、即日実施は〝良識派〟と言われたほどである。一一月二〇日午前まで様々な情報が飛び交い、「戦後一番長かった日」とまで言われた。

もちろん政府も急ぎ対策を打ったが、一旦火が点いた〝爆発〟はそう簡単には鎮火しない。物価の高騰はさらに勢い付き、翌一九七四年（昭和四九年）一月一二日には、福田赳夫大蔵大臣（当時）が「物価は狂乱状態」と発言。「狂乱物価」という言葉が誕生することになる。

当時の新聞を見てみよう。「石油狂乱」――一九七四年（昭和四九年）二月一日付読売新聞朝刊一面の連載に付けられたタイトルだ。一面連載以外にも狂乱物価関連の記事が目立つ。「国民生活安定審議会が便乗値上げなどを審議」という記事、「がんばれ　物価Gメン」という解説、「物価無策に腹が立つ」という読者の投書等々。この一九七四年二月の消費者物価指数の上昇率は、対前年同月比で二六・三％にも達していた。まさに、狂乱物価である。

しかも、この二六％を超えるような消費者物価指数ですら、国民の実感からはかけ離れていると言われていた。生活実感としては、もっと上がっているだろうと感じていたのだ。だから、総評（注：日本労働組合総評議会。昭和の時代、加盟組合員数・労働組合数共に日本最大の労働組合全国中央組織であった）の一九七四年運動方針には「反インフレ物価闘争」の一つとして、「政府の消費者物価指数の問題点をばくろし、勤労世帯の実態に応じた物価指数を策定」（週刊労働ニュース一九七五年一月二七日付）すると謳われている。

このあたりの実情を当時の『日経ビジネス』から見てみると、同誌は一九七四年一二月二三日号で「実体映さぬ『経済統計』　新尺度で測り直せば……」という特集を組んでいるのだが、その中で消費者物価に関しては「生活実感と著しく遊離」という小見出しを付けて解説している。一部、引用させていただく。

景気との関連性は薄いが、統計の精度が問題とされるたびに、必ずといっていいほどヤリ玉に上げられるのが、この消費者物価指数である。（中略）今夏も、メロンがこの統計に入っている、入っていないとかで田中前首相と主婦連の間でひとモメあったたし、この一〇月末には、日本学術会議が総会の場で、物価統計の改善に関する意見書を採択、政府に申し入れる、といった動きもあった。

この意見書の要旨を一口にいえば「生活実感にそぐわない」ということになるが、いまの物価指数の問題点を浮き彫りにしていることもたしか。たとえば、①いまの指数には、値上がりの著しい健康保険料や住宅、土地の購入費が指数項目から除外されている（中略。以下④まで問題点を指摘）。

こうした問題の他にも、指数項目の組み替えは、五年に一回、家計調査をもとにしているため、最近のように節約意識が定着し、消費構造が大きく変わっても、それが必ずしも、物価指数の上には反映されないという難点があることも事実である。いわば問題だらけの消費者物価指数というわけだが、これを、消費者の実感に照らすと、いまの

――上昇率はどうなるか。（日経ビジネス一九七四年一二月二三日号）

『日経ビジネス』誌は、このように消費者物価指数の問題点を列挙した上で、実感ベースの上昇率はどれくらいかと問いかけ、以下のような指数を紹介する。

ここでは、第一勧銀（著者注：現在のみずほ銀行）調査部が（著者注：昭和）四六年以来、試算している「日常購入品物価指数」を紹介しよう。これは、総理府の消費者物価指数（東京都区部）の中分類指数（三一項目）から、肉類、菓子、理容衛生など購入頻度の高いもの上位一〇項目を選び、消費者物価指数中のウエートによって加重平均したもの。（中略）最近は、消費者物価指数の上昇率よりほぼ四～六ポイントほど高くなっている。（同前）

実感ベースの物価指数は、消費者物価指数上昇率より四～六ポイントも高くなっているというのだ。ということは、消費者の実感としては三〇%を超えていた（!）ということになる。今の私たちの感覚ではとても想像できない、そんなすさまじいインフレが四十数年前のこの国では起こっていたのである。

狂乱物価の種は、ニクソン・ショックから蒔《ま》かれ始めた

この体感三〇%という「狂乱物価」は「第一次オイルショック」との流れの中で語られることが多いが、実はその〝下地〟はその数年前の一九七一年（昭和四六年）八月一五日の「ニクソン・ショック」（「ドル・ショック」ともいう）から作られ始めていた。

この日、アメリカ第三七代大統領リチャード・ニクソンは、金《きん》と米ドルの兌換停止を発表した。西側主要国だけでなく、アメリカ議会にも通告なしの電撃的な発表であった。この背景には、戦後におけるアメリカと米ドルの地位の大きな変化があった。アメリカは第二次世界大戦後、世界の七割の金《きん》を保有し、

一九四四年以来のブレトン・ウッズ体制（米ドルを機軸とする金《きん》本位制）では、金《きん》一トロイオンス（三一・一〇グラム）が三五米ドルで交換できた。いつでも金《きん》と交換できることを信認の裏付けとする米ドルは、各国通貨と固定相場で交換される世界の基軸通貨となっていた。しかし一九六〇年代に入り、ベトナム戦争などの軍事費膨張やアメリカ多国籍企業の海外投資拡大で膨大な米ドルが海外へ流出し続けた。アメリカ経済は国際収支の赤字と財政収支の赤字を抱える一方、金《きん》保有量が激減して金《きん》とドルを交換できない状況が近付き、米ドルの信認は揺らいだ。このためニクソンは、防衛策として米ドルと金《きん》の兌換停止を決断したのである。

一九四九年（昭和二四年）からこのニクソン・ショックまで、円と米ドルの交換レートは一ドル＝三六〇円で固定されていた。今から思えば、大変な円安水準である。この円安は当然、わが国の輸出には大いにプラスに働いていた。

一九六八年（昭和四三年）以後、わが国は毎年大幅な輸出超過を続け、海外投資や債務の返済を行なってもなお外貨準備高はうなぎ登りであった。これを諸外国が快く思うはずがない。先に述べたように、大幅な輸入超過に悩むアメリカ、マルク切り上げを繰り返してきた西ドイツなどは、日本だけが二〇年来の三六〇円レートで輸出を増大させていることへの反感を募らせていた。

ニクソン・ショックから四ヵ月後の一九七一年（昭和四六年）一二月、米ワシントンのスミソニアン博物館で開催された一〇ヵ国蔵相会議では、ドルの切り下げと各国通貨の切り上げが決定されたが、中でも日本円は一六・八八％の切り上げ（一ドル＝三〇八円）で切り上げ率トップであった。

この円切り上げは、日本経済に大変な衝撃を与えた。円切り上げ→輸出減→国内需要減→成長率減という悪循環によって大不況に陥るのではないかとの思いから、ニクソン・ショックがあった一九七一年（昭和四六年）八月、時の大蔵大臣・水田三喜男（首相は佐藤栄作）は早くも次のように不況対策に言及している。

「輸出の減退、内需の停滞を補い、国内需要を喚起し、国民生活の向上と社会資本の整備を一層推進するため、公債政策を活用して次期国会に補正予算を提出するほか、財政投融資計画の追加を行ない、さらに金融面、税制面においても積極的な施策を講ずる所存である」（昭和四六年八月二七日「いわゆる変動相場制移行に伴う大蔵大臣談話」）。つまり、財政・金融フル稼働で経済を支えるということだ（何だか最近のわが国の経済政策のようではないか）。

政府はこの水田の言葉通り、積極的な財政・金融政策に打って出た。財政面では一九七一年（昭和四六年）一〇月公共投資の追加、所得税の年内減税などの積極的な補正予算が編成され、さらに一九七二年一月には当時としては最大規模の一九七二年度予算が編成された（一九七一年度当初予算比二一・八％増）。金融面では当時日銀の金融政策の柱であった公定歩合（日銀が民間金融機関に貸し出す際に適用される基準金利）を相次いで引き下げ、一九七二年六月には四・二五％という低水準とした。ゼロ金利の現在の感覚からすると、四・二五％という数字は到底低くは感じられないが、当時としては敗戦直後の混乱期以来の歴史的な低水準であった。

列島改造ブームで地価は「狂気の沙汰」に

そして、ニクソン・ショックの翌年、一九七二年（昭和四七年）七月七日に、狂乱物価につながる二つ目の大きな出来事が起こる。田中角栄内閣の誕生である。年配の読者ならベストセラーになった田中角栄の著書の名前を覚えていらっしゃる方が多いだろう。『日本列島改造論』――田中内閣発足直前に出版されたこの本は、約九〇万部ものベストセラーとなった。

田中は、日本列島を新幹線と高速道路網で覆い、全国に中堅産業都市を建設して地域間格差を解消しようと訴えた。この「列島改造ブーム」が、地価高騰を誘発した。

六九ページの表をご覧いただきたい。当時の六大都市（東京・大阪・名古屋・横浜・京都・神戸）の住宅地の上昇率だが、一九七一年前半から一九七二年前半まで、つまり田中内閣が誕生する前までは前年比で一〇%台後半の上昇

6大都市の住宅地の上昇率と指数

	指数（1955年３月＝100）	上昇率（%）（前年同月比）
1971年3月	2,176	18.8
1971年9月	2,338	16.2
1972年3月	2,504	15.1
1972年9月	2,811	20.2
1973年3月	3,459	38.1
1973年9月	4,005	42.5

日本不動産研究所のデータを基に作成

率であった。これでも相当な上昇率だが、田中内閣誕生後はこの上昇に一気に拍車がかかった。田中内閣誕生直後の一九七二年九月には二〇%台となり、さらにすぐ三八・一%となり、そして一九七三年九月の前年比上昇率は、実に四二・五%にまで達した。指数は一九七一年三月から一九七三年九月までのわずか二年半でほぼ倍になっている。

高騰したのは、大都市の地価ばかりではない。田中の列島改造論は、全国の開発できる場所はすべて開発するというものだったのだから、地価高騰は全国におよんだ。住宅地の公示価格を見ると、全国平均で一九七二年(昭和四七年)は三三・三%、一九七三年(昭和四八年)は三四・七%もの上昇率を示した。こうした地価高騰は、投資の仮需要に始まり、転売を重ねることにより次々と高値に吊り上げられて行ったのである。

列島改造ブームによるこの地価の異常な高騰――今から振り返れば、必然的に生起したように思われるし、実は当時も不動産投機を懸念する声は初めからあった。読売新聞論説委員・加田純一は、『電力新報』一九七二年八月号で「疑問の多い日本列島改造論」と題して、次のような予言的言葉を残している。「これらの施策の進め方いかんによっては、田中内閣が日本列島の改造に乗り出すとともに、土地への投機が激しくなるのではないか」。

まさにそれがズバリ的中したのであるが、田中内閣にとってはこの地価高騰の進行は想定外だったようで、慌てて火消しに回ろうとしたようだ。それを象徴するのが、ＮＨＫ本館跡地売却問題だ。

一九七二年（昭和四七年）一二月二五日、当時千代田区内幸町にあったＮＨＫの本館跡地を、三・三平方メートル当たり一一〇〇万円、総額約三五四億六〇〇〇万円という金額で三菱地所が落札し、仮契約が締結された。この一一〇〇万円という坪単価だが、建設省（当時）の地価鑑定委員会による公示価格によれば、ＮＨＫ本館の敷地は、三・三平方メートル当たり約四五〇万円に過ぎなかった。にも関わらず、落札価格は実にその三倍近く。しかも、売り手がＮＨＫという公共機関、落札したのが業界をリードする三菱グループの有力企業であったから、異常な地価高騰の象徴として注目を浴びたのも無理はない。

この価格に対しては、「バカ値」「狂気の沙汰」「地価高騰に拍車をかける」と批判する声が相次いだ。時の官房長官は二階堂進。二階堂は「趣味は田中角栄」と公言するほど、田中に惚れ込み、田中内閣を最後まで支えた人物である。二階堂はＮＨＫと三菱地所の双方に働きかけて、この超高額売買を本気で〝白紙還元〟させようとしたようだ。

一九七三年に入ると、動きが相次いだ。ＮＨＫの小野副会長（当時）が田中首相を東京・平河町の砂防会館に訪ねたのが一月六日。二階堂長官から金丸建設相、久野郵政相に打つべき手を検討するよう指示が出され、八日にも久野郵政相がＮＨＫ幹部から実情を聴取するとの情報……。一九七三年一月七日付、毎日新聞朝刊一面のトップ記事にはこんな見出しが躍った。「ＮＨＫ跡地の超高額契約、政府〝白紙還元〟めざす」「官房長官らが説得」「土地政策の試金石に」。

しかし、結果的にはＮＨＫも三菱地所も政府の働きかけを一蹴した。一月一〇日に記者会見したＮＨＫの前田義徳会長、そして三菱地所の中田乙一社長ともに、正当な手続きを踏んだ公開入札の結果であることを理由に「仮契約」変更の意思がまったくないことを明らかにした。当時の日本経済新聞はこの一件を、「土地政策の貧困示す」と解説している。まさに、土地政策の貧困であった。

そもそも、列島改造ブームの前から、わが国の土地は庶民には高嶺の花であった。経済企画庁（当時）編『昭和四五年版経済白書』によれば、一九六九年（昭和四四年）当時、八時間労働の平均的サラリーマンが各首都の中心にある職場まで四〇分で通勤できる住宅地に四五坪の土地を手にするには、日本では飲まず食わずで六年と一四九日働かなければならないが、フランスは二年と二九〇日、イタリアは三一二日、西ドイツは一七四日、アメリカに至ってはわずか四五日ということであった。諸外国に比べ、日本の土地は元々高かったのである。そこに湧いた列島改造論。田中角栄はこれによる地価高騰をまったく予想できていなかったのだろうか……。

ドンドン上がるとなれば、皆ますます買いに走る。この時代、「一億総不動産屋時代」と言われた。上がったのは地価ばかりでない。建築資材も暴騰した。列島改造ブームに乗って建築資材、中でも木材は「山火事相場」と名付けられたほど暴騰した。一九七二年初に一立方メートル五万七〇〇〇円だったヒノキ柱角が、一一月には一四万円にハネ上がった。木材問屋の売値は朝、昼、晩と一日に三回も変わった。

ジャブジャブのお金が実体経済に回らない過剰流動性相場

田中内閣の政策が数年後の狂乱物価につながったのは、列島改造論ばかりではない。先に述べたニクソン・ショック→円切り上げとの関連で言えば、田中内閣は「円再切り上げ阻止」を最優先の課題として位置付けた。

田中は当時、こう述べている。「(円の)再切り上げには中小企業などはとても対応できぬという体制が現状であり、国内政策を行なうべきだ。これまでは積極的な政策を採れば物価が上がるからいけないということで、国内政策が中途半端だった……」。つまり、「物価上昇はいけない」などと言っている場合ではない。人為的に物価を上げて円の価値を下げてでも、円切り上げ圧力を回避しようという政策を採ったのだ。

こういう政策を「調整インフレ政策」と言うが、田中はインフレをも辞さないという強い姿勢でさらに大盤振る舞いの財政政策を推進して行った。

すでに述べた通り、佐藤内閣の下で決定された一九七二年度予算は、前年度当初予算比プラス二一・八％、財政投融資計画もプラス二八・三％という超大型予算であったが、田中内閣は一九七二年八月に財政投融資の第一次追加措置、一〇月には公共投資の追加を中心とした一般会計補正予算案および財政投融資の第二次追加措置を相次いで決定した。翌一九七三年一月、第二次田中内閣の下で決定された一九七三年度予算案は、一般会計が前年度当初予算比プラス二四・六％、財政投融資計画がプラス二八・三％とさらに膨張した。

この一九七三年度予算案には、列島改造論に沿った公共事業費の増加に加えて老人医療費の無料化や老齢年金の大幅増加・物価スライド制などが盛り込まれ、「福祉元年」ともてはやされた大盤振る舞いの超大型予算であった。

こうして、狂乱物価の下地は着実に作られて行ったのだが、ミルトン・フリードマンが述べたように「インフレはいつでもどこでも貨幣的な現象である」のだ。当時のお金の動きを確認して行こう。

国際収支の動きを見ると、一九七一年（昭和四六年）の貿易黒字は七七億八七〇〇万ドルと前年のほぼ二倍に急増、一九七二年はさらに八九億七一〇〇万ドルに増えた。外貨準備高も一九七一年末一五二億ドル、一九七二年末一八三億ドルと積み上がって行った。読者は、「円が切り上げられたのに、なんで貿易黒字が増えたの？」といぶかしく思うかもしれないが、これにはいわゆる「Jカーブ効果」があった。円切り上げにより日本のドル建ての輸出価格が上昇し、輸出量の減少は遅れるために一時的には輸出総額が増えたのである（その後、減少して行くことになる）。

こうして貿易黒字の増加に伴って輸出関連企業の円預金は大きく増えたのであるが、その一方、先行きの見通しが暗い大企業製造業の設備投資意欲は鈍っていた。しかし、銀行は預貸率（注：預金に対する貸出金の比率。分母の預金が増えると低下する）の低下により貸し出し余力は高まっており、貸し出し競争の様相を呈するようになって行った。銀行は積極的な貸し出しに走ったが、そのお金は設備投資には向かわず、遊休資金は土地や株式購入に流れた。「土地を買うなら今!」「モノにヘッジして儲けるのも史上稀有の低金利のうちに」といった利殖熱が一気に高まって行った。

この結果が上述した不動産投機に回ったのは、もう言うまでもないだろう。田中角栄というと、この列島改造ブーム→不動産投機というイメージが強烈であるが、実は株式も暴騰している。一九七一年一二月末に二七〇〇円台だった日経平均は、一九七二年一二月末には五二〇〇円台に上昇。さらに、一九七三年一月二四日には五三五九円で引けた。ほぼ一年間で二倍近い上昇ぶりであり、今で言えば明らかに〝バブル〟である。この頃の投機熱は、不動産や株式だけでなく、ゴルフ会員権、貴金属から宝くじにまでおよんだ。

こういう金《かね》あまりによる市場の過熱、バブル相場を「過剰流動性相場」という。中央銀行がお金をジャブジャブ供給しても、それがまともな生産的実体経済には回らず、投機的な金儲けにばかり流れて形成される相場だ。

この狂乱物価直前の経済政策とお金の動き、何だかアベノミクス以降のわが国経済政策とお金の動きに似てはいないだろうか。アベノミクスによるジャブジャブの緩和マネーも経済成長にはつながらず、株やタワーマンションなどの不動産、さらにはビットコインなどの仮想通貨（暗号資産）といった投資商品にばかり流れて異様な高騰を招いて行った……。

今一度、田中内閣の政策に戻ろう。過剰流動性インフレに対し、政府と日本銀行は一九七三年（昭和四八年）初頭から金融引き締めに転じた。公定歩合で言えば、一九七三年四月二日に四・二五%から五・〇〇%へ、次いで五月三〇日に五・〇〇%から五・五〇%へ、さらに七月二日に五・五〇%から六・〇〇%へ、八月二九日に六・〇〇%から七・〇〇%へ、そして一二月二二日には七・〇〇%から九・〇〇%へと、何度も何度も利上げを行なった。七九ページのグラフを見ていただければ、その急激な金融政策の転換が容易に見て取れることだろう。

しかし、一旦過熱したインフレは容易には収まらなかった。すでに述べた通

わが国の基準金利（公定歩合）の推移

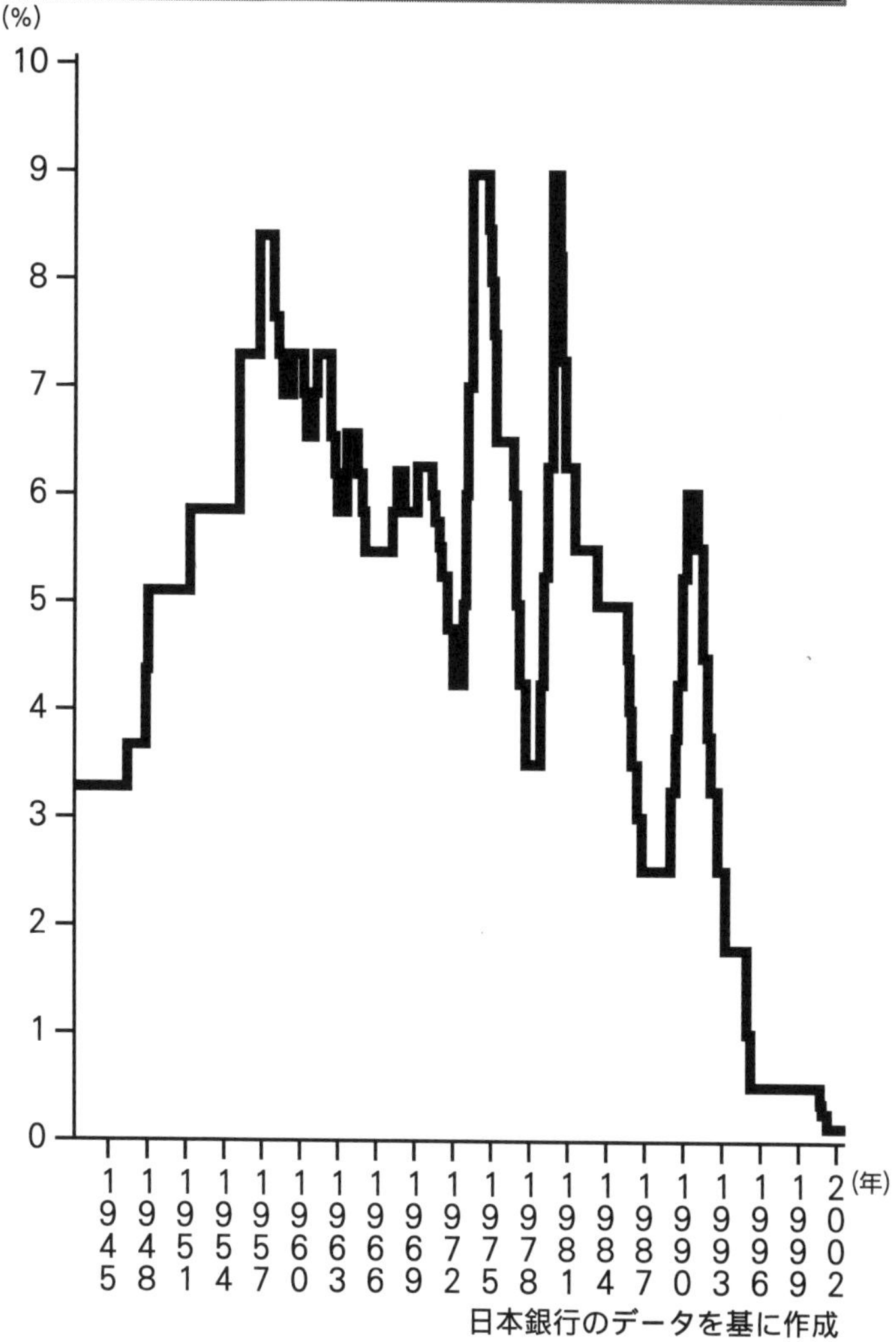

日本銀行のデータを基に作成

り、消費者物価指数の上昇率が対前年同月比で二六・三％を付けたのは一九七四年（昭和四九年）二月であるし、同年一〇月も二六・二％の上昇率を記録している。ばら撒かれた油に火が点いてしまったら、消すのは容易でないのだ。

ある日突然、まさかの事態はやってくる

私たちはこの一九七〇年代の歴史から学ばなくてはいけないことがあるのではないか。当時、「石油は安価で必要な量だけ買えるもの」と「油断」していた。三ヵ月で四倍の価格にまで跳ね上がるなんて、誰も夢想だにしていなかった。世の中には「まさか」という事態が生起するのだ。

七〇年代から学ぶことはまだある。それは、判断の誤りだ。一九七一年（昭和四六年）のニクソン・ショックの時、わが国では政界でも財界でも円切り上げ↓輸出減↓国内需要減↓成長率減↓大不況という流れを恐れた。だから金融を大幅に緩和し、財政をフル稼働したわけだが、結果としてはこれが不動産な

どの投機につながり、〝体感三〇％〟というとんでもないインフレを招いたのだ。

今の日本にインフレの気配はまだ感じられない。しかし、アベノミクス以来の異次元金融緩和、投機的なお金の動き、財政の大盤振る舞い、そしてアメリカなどではインフレの足音が聞こえてきている……。この状況下で日本にインフレはこないというのは、「油断」ではないか？　意味なくばら撒かれたマネーに火が点いてしまうことは、本当にないのか？

そして、今の日本にインフレが襲いかかったら、七〇年代よりトンデモナイ事態が生起してしまうのは明らかだ。なぜなら、今のわが国は世界最悪の借金大国になってしまったからだ。インフレになれば、先の田中内閣時の金融政策の急変で明らかなように、金利を上げざるを得ない。そうなれば、払わなければならない金利は莫大な額になる。また金利の上昇はイコール債券価格の下落だから、日銀を筆頭に金融機関は巨額な評価損を抱えることになる。日銀の信認が失われれば、円は急落するだろう。

「オオカミ少年」の如く言われてきた財政破綻が、ついに顕在化するのだ。

二〇二一年六月二八日付日本経済新聞は、オピニオン欄「核心」でこのような見出しを掲げている。「財政破綻リスクに蓋するな　『ある日突然』やってくる」。「ある日突然」——私たちはその警戒を怠ってはならない。

第三章

デフレと低金利に
あまりにも長く浸り過ぎた日本

デフレと低金利が当たり前の日本

「近い将来、巨大インフレがやって来る」と言われても、ピンとくる人はそう多くはないかもしれない。八〇年代後半のバブル景気については、四〇歳以下の人はほとんど記憶がないだろうし、七〇年代のオイルショックにいたっては、はっきりとした記憶があるのは主に六〇代以上の人だろう。

つまり、三〇代以下の人にとって物価というのは、極端に上がるものではなくむしろじりじりと下落して行くのが当たり前なのだ。金利にしても、超低金利があまりにも長く続いているため、やはりそれが当たり前になっている。

しかし、物価がどんどん上がり金利が高かった時代は確かにあった。というよりも、かつての日本ではそれが当たり前の姿であった。いつから、デフレと低金利が当たり前になったのだろうか?

その最大の転機になったのが、九〇年代の〝バブル崩壊〟である。バブル崩壊を機に日本においてはそれまでのインフレと高金利という常識が崩れ去り、デフレと低金利の時代へと変貌を遂げたのである。九〇年代のバブル崩壊前後のように、経済のトレンドはふとしたきっかけで劇的に変わることがある。デフレと低金利という現在の〝常識〟に囚われていると、再び訪れるであろうインフレと高金利という大津波に、あっと言う間に飲み込まれてしまうだろう。

デフレと低金利は、決して常識でも当たり前でもない。もちろん、インフレと高金利も然りだ。物事には、必ず原因と結果がある。現在のデフレ（低インフレ）と低金利にも当然、原因がある。なるべくしてこうなったということだ。

本章では、バブル崩壊以降の日本経済を振り返り、日本が慢性的なデフレ、低金利に陥った経緯について確認したい。

日本経済の絶頂期からバブル崩壊へ

一九八九年一二月二九日、日本経済は絶頂期を迎えていた。この日、日経平均株価が三万八九一五円の史上最高値を付けたのだ。土地も高騰し、当時、東京の山手線内側の土地価格で、アメリカ全土の土地が買えるとも言われた。株価や地価の上昇を背景に、多くの企業が財テクに走った。海外で「ザ・セイホ」と呼ばれ、大きな存在感を示していた日本の生命保険会社なども、バブルにより増大した巨額の資金を武器に海外の多くの不動産などを買い漁った。

特に、三菱地所によるニューヨークのロックフェラーセンターの買収は、ジャパンマネーによる海外資産買い漁りの象徴として米国民の反感を買い、ジャパン・バッシングのうねりが高まった。

日本経済は、まさに破竹の勢いであった。資産価格の異常な高騰を抑制するため、日銀はついに金融引き締めに動き、一九八九年五月、公定歩合が引き上げられた。その後、投機バブルが日本経済にもたらす悪影響を懸念していた三重野氏が日銀総裁に就任すると、一九八九年一二月、一九九〇年三月、同年八月と、次々に公定歩合の引き上げが実施された。

また、一九九〇年四月には政府が「総量規制」と呼ばれる地価高騰抑止策を導入した。これは全国の金融機関に対し、不動産向けの融資残高の伸び率を、総貸出残高の伸び率以下に抑えることを義務付けたものだ。さらに一九九二年一月には、個人および法人が所有する土地に対し課税する「地価税」も導入された。

これらの強力な対策により、市場への資金供給は急激に細った。潤沢な資金供給が細った結果、それまでのように借り入れをして土地や株式に投資する人が減り、ほどなくして土地、株式共に下落に転じた。

誰もが株式市場のさらなる活況を信じていた九〇年代は、波乱と共に幕を開けた。一九九〇年が明けると、日本株はじりじりと下落して行き、日経平均は同年一月には三万六〇〇〇円台の安値を付けた。この株価調整を、絶好の買い場と見て株を買い増した投資家も少なくなかった。

ところが、株価は一向に上向かなかった。そして二月中旬、日本株はついに本格的な暴落局面に突入する。日経平均はみるみるうちに下落して行き、一九九二年八月には一万四〇〇〇円台の安値へと沈んだ。史上最高値を記録してから、わずか二年半ほどで約三分の一の水準へと暴落した。バブルのきっかけとなった一九八五年のプラザ合意後の上昇分はほぼすべて失われ、日本の株バブルは完全に崩壊した。

株バブル崩壊のあとを追うように、不動産バブルも崩壊して行った。特に、東京の地価の下落は顕著であった。国土交通省の地価公示データによると、一九八八年に一三六・一万円まで高騰した東京二三区の住宅地の平均平方メートル単価は、二〇〇四年には四三・八万円と三分の一以下まで暴落した。

無思慮な融資が生んだ巨額の不良債権

バブル崩壊により、日本経済は暗転した。個人、法人を問わず、株や不動産の投資で多額の損失を被る投資家が相次いだ。当然、消費も冷え込み、多くの日本企業の業績が悪化した。企業が銀行などの金融機関から受けていた融資は、過剰債務となって経営を圧迫した。多くの融資が返済困難に陥ったことで、銀行は巨額の不良債権を背負う羽目になった。

融資をしていた銀行側にも、大いに問題があった。当時はほとんどの銀行が不動産担保融資を積極的に行なっていた。通常、土地を担保に融資する場合、融資上限額は土地評価額の七〇％程度とされた。土地評価額が一億円なら、七〇〇〇万円が融資上限額となる。これなら、融資が焦げ付いた時に地価が三〇％下落したとしても、土地を売れば債権は回収できるわけだ。

しかし、当時はバブル経済の真っ只中で、土地神話が信じられていた時代だ。「地価は上昇するもの。下がるはずがない」と、誰もが信じて疑わなかった。銀行としては、返済が見込めるならより多くの貸付けをする方がより多くの利子が得られるから儲かる。地価が下がらないなら、一億円の土地を担保に一億円融資してもリスクはない。さらに、その土地の評価額が一億五〇〇〇万円に上がれば、五〇〇〇万円を追加融資することとさえ可能だ。

こうして、土地評価額の一〇〇％を超える融資が常態化して行った。このような積極的な融資は、土地が上昇を続ける限り何の問題もない。むしろ銀行からの潤沢な資金供給が消費や投資を刺激し、経済に好循環をもたらすメリットもある。しかし、バブルは弾けた。地価が暴落したことで、土地評価額が融資額を大幅に下回る担保割れが続出した。

景気の悪化により融資の焦げ付きも増えた結果、銀行は担保不動産を処分しても債権を全額回収できない状態に陥った。バブル期にもてはやされた積極的な融資は、結果的に過剰融資だったことが明らかになり、多くの銀行にとって巨額の不良債権が経営の重い足かせとなって行った。

景気過熱を抑えるべく利上げを続けてきた日銀も、ついに利下げに転じた。一九九一年七月、公定歩合は六％から五・五％に引き下げられた。その後も一九九五年にかけて九回連続で利下げが行なわれ、一九九五年九月には公定歩合は〇・五％まで低下した。銀行の預金金利、貸出金利も低下し、日本は超低金利時代に突入した。

これほどまでに大幅に金利が低下すれば、普通は融資の増加などにより市中に多くのお金が出回り、景気が上向くのがセオリーだ。ところが、日本経済は一向に上向く兆しを見せなかった。のちに「失われた一〇年」と呼ばれる九〇年代の長期停滞の原因については、これまで多くの研究が行なわれているが、多くの専門家が指摘しているのは「不良債権処理の先送り」だ。

先送りされた〝不良債権処理〟

一九九五年には大蔵省（当時）が、金融機関が抱える不良債権が約四〇兆円にのぼると発表したが、のちに実際の不良債権額はこれよりはるかに大きいことが判明する。債権の審査基準を甘くしたり、返済に必要な資金を追い貸しするなどして、本来なら不良債権とするべきところを正常債権に区分するといった不正を行なう金融機関もあった。このことも、不良債権額が過少に見積もられた一因と言われる。

しかし、最も大きな原因は不良債権処理の先送りだろう。不良債権を一気に処理する荒療治は、金融機関ひいては経済全体に大きなダメージを与える。そこで、そのダメージをなるべく抑えるため、時間をかけて少しずつ処理を進めることになるが、処理に時間をかけすぎれば不良債権が金融機関の経営の足かせとなり、景気の停滞につながる。融資先の倒産が増え、株や不動産などの資産価格もますます下落する結果、不良債権額はさらに増えるというわけだ。

実は、不良債権問題は当初、政府内で軽視されていた節がある。このことについて、エコノミストの小峰隆夫氏は次のように語っている。彼は元官僚で、経済企画庁に勤務していた一九九三年と一九九四年に、責任者として「経済白書」の作成に携わったという。

政府はまだ不良債権問題の深刻さを知らなかった。経済企画庁も知らなかった。私も当初は大した問題ではないと考えていた。九三年の経済白書では、「不良債権残高は銀行の与信残高に比べても大きな金額ではない」「金融機関の保有株には大きな含み益があり、いざとなればこれを不良債権処理に使える」「今後、経済が好転すれば、金融機関の収益も増える」として、「金融システム全体に悪影響が及ぶことはない」と説明している。

不良債権問題はじわじわと進行し、だれの目にも見える危機ではない。債権には返済リスクがつきもので、貸出先の業績が回復する見通しが立てば不良債権ではなくなるし、担保の地価が上がればたちまち消える。その額は、自動車を何台作ったとか、食料品をいくら買ったといった経済統計とは違って判断の余地が大きく、非常に扱いにくい。

当時は、金融緩和を続けて景気が持ち直せば、バブル崩壊で下落した地価や株価は再び上昇に転じ、金融機関の不良債権は消えてしまうと考えられていた。結果的に資産価格の先行きに対する政府、そして社会全体の見通しは甘すぎた。

「読売クオータリー２０２０秋号」


当時の宮沢首相や三重野日銀総裁は、不良債権問題の深刻さをある程度は把握していたようだ。宮沢首相は一九九二年八月、軽井沢で行なわれたセミナーで「いまの銀行の不良融資——当時はこう言っておりました——の状況の中で、場合によっては、何か政府が公的な関与をする必要があるのではないか」(『聞き書　宮澤喜一回顧録』岩波書店刊、御厨貴、中村隆英編)と、不良債権処理に公的資金を使う可能性について言及している。また、三重野日銀総裁も、「もっと早く公的資金を導入すべきだと考えていた。(中略)首相もその気になったが、経団連首脳につぶされた」と自著の中で述べている(日本経済新聞二〇一七年一〇月一四日付より)。

不良債権処理は痛みを伴う。誰だって、できれば避けたいと思うものだ。不良債権を放置したとしても、景気さえ回復すれば、融資先の業績も上向き、株価や地価も再び上昇する。その結果、不良債権問題は何事もなかったかのように自然に解消する。そう、景気さえ回復すればすべて解決するのだ。

景気は循環するものだから、いずれは回復する。ならば、その時がくるまでじっくり待とう。だが、一見、合理的で賢明にも思えるこのやり方は、小峰氏も指摘しているようにあまりにも甘い見通しだったと言わざるを得ない。

九〇年代前半、私は「バブル崩壊が深刻なデフレ不況をもたらす」と書籍や講演会などで警鐘を鳴らしていたが、当時はそのように考える人は決して多くはなかった。しかし残念ながら、私の予測は的中してしまった。その後、景気は回復するどころかますます悪化し、不良債権問題はいよいよ深刻さを増して行くのである。

悪夢の幕開けとなった一九九五年

皆さんは一九九五年という年を覚えているだろうか？　今から二五年以上前のことだから、若い人にはまったく記憶がないだろうが、この年は実に不穏な年であった。一月一七日に阪神・淡路大震災が発生、追い打ちをかけるように三月二〇日にはオウム真理教による無差別テロ、地下鉄サリン事件が発生し、日本の安全神話は崩壊した。

この一九九五年は、終戦から数えてちょうど五〇年の節目の年であった。終戦から半世紀が経ち、積もり積もったツケの清算を迫られるかのように、わが国経済は多くの苦難に見舞われた。

この頃から、日本の金融システムにもいよいよほころびが目立ち始める。それまで政府はいわゆる護送船団方式を取り、金融機関は潰さないという姿勢を明確に示してきた。しかし、長期化する不況に信用収縮が深刻さを増す中、「退場すべき企業は市場から退場させる」という姿勢に転じた。債権の審査が厳格化され、不良債権に対して貸倒引当金を積み増すよう求められた。過大な不良債権を抱え、実質債務超過に陥った金融機関は窮地に追い込まれた。

そして、「金融機関破綻ラッシュ」の幕が上がる。一九九五年七月三一日、東京のコスモ信用組合が破綻した。その一ヵ月後、八月三〇日には木津信用組合、第二地銀の兵庫銀行も破綻した。兵庫銀行の破綻は、銀行としては戦後初の経営破綻であった。土地神話、安全神話に続き、銀行不倒神話もまた崩壊したのである。いずれの金融機関も、バブル期に不動産や株式に関連する過剰な投融資を行なうなど積極的な拡大路線が仇となった。

その後も金融機関の破綻ラッシュは止まらない。一九九六年三月に第二地銀の太平洋銀行、同年一一月に第二地銀の阪和銀行が破綻するなど、金融機関が次々に倒れて行った。

翌一九九七年には、破綻の連鎖は大手金融機関にまで波及する。一九九七年一一月三日には準大手証券会社の三洋証券が破綻した。誰もがその名を知る有名金融機関の破綻は信用収縮を招き、経営難にあえぐ金融機関を容赦なく追い詰めて行った。三洋証券破綻からわずか二週間後、一一月一七日には北海道拓殖銀行が破綻した。さらに拓銀破綻の一週間後、一一月二四日には四大証券の一角を占めていた山一證券が自主廃業を発表し、事実上破綻した。都銀や大手証券までもが次々に破綻する状況に、誰もが身構えた。

翌一九九八年も金融機関の大型倒産が相次いだ。一〇月には日本長期信用銀行が破綻し、国有化された。さらに一二月には日本債券信用銀行も経営破綻し、一時国有化された。両行ともやはり、バブル崩壊により発生した巨額の不良債権から債務超過に陥り破綻に至った。

一九九〇年代後半の日本経済は、さながら金融恐慌と言うべき状況であった。この金融恐慌は世の中の空気感をガラリと変えた。一九九〇年代前半はまだまだバブルの余韻を引きずっていた。「景気はじきに良くなる」「株価も地価もそろそろ底を打つ」――日本人の多くがそう思っていただろう。しかし、一九九〇年代後半になり、いくつもの金融機関がバタバタと潰れて行くのを目の当たりにして、私たちはこの不況が単なる不況ではないことを思い知らされた。

金融機関の経営危機、経営破綻が顕在化したことで、日本経済全体が疲弊して行った。何とか破綻を免れた銀行も財務面で余裕を失い、融資姿勢が過度に慎重になった。特に、中小企業に対して貸し渋りや貸し剥がしが横行した。資金繰りに行き詰まった多くの企業が倒産し、失業者や自殺者も急増した。

追い込まれた政府もようやく重い腰を上げる。銀行の資本を増強するため、一九九八年三月と一九九九年三月の二度にわたり公的資金の注入に踏み切った。本来であれば、もっと早い段階で公的資金を注入すべきであったが、住宅金融専門会社（住専）の処理に公的資金投入を決定した際、世間から厳しい批判を浴びたことで政府はおよび腰になっていた。

公的資金の本格投入が遅れ、不良債権処理が先送りされたことで、バブル崩壊による傷口はさらに広がってしまった。処理の遅れが九〇年代後半の金融危機をより深刻なものにしたのは間違いない。公的資金の投入額もかえって膨らみ、結局一九九二年から合計五一兆円もの公的資金が投入されることになった。日本経済は極度に疲弊し、「失われた一〇年」と呼ばれる深刻な景気の低迷に陥った。

深刻化するデフレ

バブル崩壊後、わが国のインフレ率は低下して行った。ＩＭＦ（国際通貨基金）のデータによれば、年平均のインフレ率は一九九一年の三・二五％から翌一九九二年には一％台、一九九四年にはゼロ％台まで低下した。さらに一九九五年にはマイナス〇・一三％と、ついに物価は下落に転じた。消費税率が三％

から五％に引き上げられた一九九七年に、インフレ率は一・七五％まで上昇したものの、物価上昇は一時的なものに留まった。

翌一九九八年には、ＧＤＰデフレーターやＣＰＩ（消費者物価指数）といった物価動向を示す指標が低下し始め、日本は物価が持続的に下落するデフレに陥った。ＩＭＦのデータを見ても、一九九九年以降二〇〇五年まで七年連続でインフレ率はマイナスとなった。

デフレ下、多くのモノやサービスの価格が下落した。当時のデフレの進行とその深刻さは、マクドナルドのハンバーガーの価格にも表れている。一九九五年、それまで二一〇円だったハンバーガーの価格は、一三〇円へと一気に引き下げられた。さらに二〇〇〇年には、平日限定で六五円に値下げした。二〇〇二年には、とうとう五九円になった。

ちなみに、マクドナルドが銀座に国内一号店をオープンした一九七一年当時、ハンバーガーは八〇円だったそうだ。四〇年前よりも価格が安くなってしまったわけだ。そもそも、物価水準も違う。一九七一年は大卒初任給が四、五万円

日本のインフレ率の推移

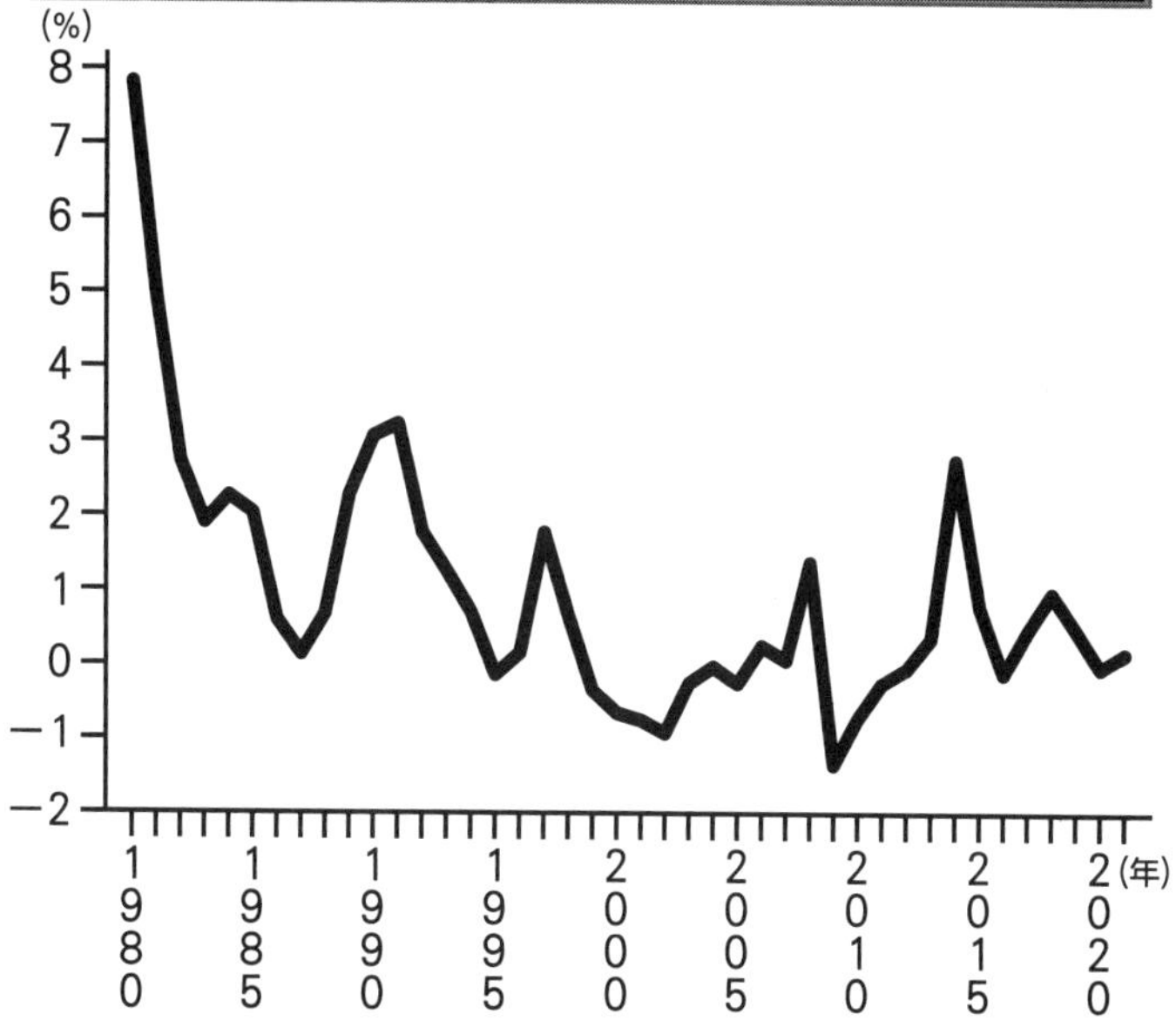

1980	1981	1982	1983	1984	1985	1986	1987	1988	1989
7.81	4.92	2.74	1.90	2.26	2.03	0.60	0.13	0.68	2.27
1990	1991	1992	1993	1994	1995	1996	1997	1998	1999
3.08	3.25	1.76	1.24	0.70	−0.13	0.14	1.75	0.67	−0.34
2000	2001	2002	2003	2004	2005	2006	2007	2008	2009
−0.68	−0.74	−0.92	−0.26	−0.01	−0.28	0.25	0.06	1.38	−1.35
2010	2011	2012	2013	2014	2015	2016	2017	2018	2019
−0.72	−0.27	−0.06	0.34	2.76	0.79	−0.12	0.47	0.98	0.48
2020	2021								
−0.02	0.14								

※単位：%　年平均値
※2021年はIMFによる4月時点の推計

IMFのデータを基に作成

程度の時代だ。五九円バーガーがいかに激安であったかがわかる。「激安バーガー」は消費者に大いに受け入れられ、マクドナルドは「デフレ時代の勝ち組企業」となった。

しかし、長引くデフレ不況に加え円安の進行もあり、収益が悪化し赤字に転落。経営立て直しのために価格を引き上げたところ、値下げに慣れた消費者の反発を招き、深刻な客離れを引き起こした。結局、価格競争を優位に進めたデフレの勝ち組も、デフレの大波に飲み込まれてしまったのである。

二〇〇一年三月、政府はついに日本経済がデフレであると認めた。デフレの認定は、戦後初のことである。

苦闘する日銀――ついにゼロ金利政策、量的緩和政策を導入

バブル崩壊後の景気低迷が長期化する中、日銀は金融緩和を続け、一九九八年九月には政策金利は〇・二五％に引き下げられた。ちなみに、公定歩合は長

らく日本の政策金利として重要な役割を果たしてきたが、一九九四年の金利自由化に伴い、政策金利としての重要性は低下して行った。代わりに「無担保コール翌日物の金利」が日本の政策金利の役割を果たすようになった。無担保コール翌日物とは、短期資金の貸借を行なうコール市場において、無担保で借り約定した翌日に返済を行なう際の金利を意味する。いずれにせよ、もはや利下げ余地はほとんどなくなり、日銀の金融政策は限界に近付いていた。

多くの金融機関が破綻し、国内経済が疲弊する中、一九九七年にはアジア通貨危機、一九九八年にはロシア危機が発生し、世界恐慌さえ危惧される状況であった。最悪の経済状況の中、当時の小渕内閣は大規模な財政政策を実施した。

当然、日銀の金融政策についてもさらなる金融緩和が求められた。利下げ余地がほとんどない中、一九九九年二月、日銀は無担保コール翌日物を史上最低の〇・一五％に誘導することを決定した。この時、当時の速水日銀総裁は「翌日物の金利はゼロでもよい」と発言した。政策金利をほぼゼロに誘導するわけで、日銀はついにゼロ金利政策を導入したのである。

ゼロ金利政策の導入により、利下げ余地は文字通りゼロになった。政策金利の引き下げによる金融緩和は、できなくなった。この政策の異常さについては、当然速水総裁も認識しており、ゼロ金利政策はあくまでも緊急措置的な政策であり、導入当初から早期の解除を明言していた。

ゼロ金利政策という異常な政策から、なるべく早く抜け出したい速水日銀に思わぬ追い風が吹く。アメリカを中心に、ＩＴブームが巻き起こったのだ。政府による巨額の財政出動（ばら撒き）と日銀による金融緩和もあり、日本でも株価が大きく上昇、二〇〇〇年四月には日経平均は二万円を突破した。国内の景況感もフワッと良くなった。早速、日銀は金融引き締めに動いた。

当時、政府内には景気の先行きに対する懸念から、ゼロ金利解除は時期尚早という反対意見が大勢を占めていたが、日銀は反対意見を押し切り、金融引き締めに転じた。同年八月、日銀は無担保コール翌日物金利の誘導目標を〇・二五％に引き上げ、ゼロ金利政策を解除したのである。

しかし、ＩＴバブルはあっけなく崩壊。株価は暴落し、再び景況感は悪化して行った。これを受け、二〇〇一年二月には政策金利である無担保コール翌日物は〇・二五%から〇・一五%に引き下げられた。前年八月の解除から、わずか半年でゼロ金利政策が再開された。日銀によるゼロ金利政策の解除は、結果的に失敗であった。

さらに二〇〇一年三月、日銀は史上初となる量的緩和の導入に踏み切る。すでに、政策金利をゼロにまで下げても、十分な景気刺激効果を発揮することができないことは明白であった。もはや、金融政策の目標を金利に置くことはできなくなっていた。

そこで日銀は、資金供給量を増やすことで金融緩和を進めることにした。具体的には、市中銀行が保有する国債を買うことで資金を供給し、市中に出回る資金量を増やすわけだ。これが、「量的緩和」である。

こうしてわが国の金融政策の操作目標は、無担保コール翌日物という「金利」から、日銀当座預金残高という「資金量」へと変更された。

実感なき景気回復、そしてリーマン・ショック

二一世紀に入っても、日本経済は暗闇から抜け出せずにいた。ＩＴバブル崩壊後、日本株は奈落の底へと突き落とされて行く。二〇〇〇年四月に二万円を超えた日経平均は、二〇〇一年九月のニューヨーク同時多発テロの翌日にはついに一万円の大台を割り込んだ。わずか一年半で、半値以下の大暴落だ。

それでも株価は下げ止まらなかった。当時は日本経済、とりわけ日本株に対しては日本中が「総悲観」という状態で、「株を買う人間はどうかしている」と言われるほどの時期だった。結局、日経平均が下げ止まったのは二〇〇三年四月だ。七六〇七円という安値を付けて、ようやく大底を打った。ＩＴバブルによる高値から三年間の下落率は六割を超えた。

二〇〇三年四月に大底を打ったあと、日経平均はようやく本格的な上昇トレンドに入る。そのきっかけとなったのが、りそな銀行への公的資金注入だ。二

〇〇三年五月、政府はりそなに対し約二兆円の公的資金注入を決め、実質国有化した。これにより、市場では日本の不良債権問題は峠を越えたと受け止められ、暴落により割安になった日本株の見直し買いが活発になり、日経平均は四年連続で上昇した。

わが国の金融システムは何とか安定を取り戻し、景気も回復に向かった。二〇〇二年二月から始まった景気拡大局面は、二〇〇八年二月まで七三ヵ月におよび、高度成長期に五七ヵ月の景気拡大を記録した「いざなぎ景気」を抜き戦後最長記録となった。

しかし、経済成長率は上がってもせいぜい二％程度の低水準に留まり、多くの国民にとって「実感なき景気回復」であった。物価もほとんど上がらず、デフレから脱却したとは到底言いがたい状況が続いた。金利をゼロにし、さらに大量の資金を供給して、ようやく極度のデフレを回避し、辛うじてプラスの経済成長を達成していた。

日本経済は、かくも重症であった。金融を引き締められる状況には程遠く、引き続き量的緩和政策が続けられた。

前代未聞の量的緩和政策は、導入から五年を経てようやく解除の時期を迎える。当時、日銀は量的緩和政策解除の条件として前年比の消費者物価上昇率が安定的にゼロ％以上になることを挙げていた。そして二〇〇六年三月、政府内では量的緩和解除への反対意見も多かったが日銀は「条件を満たした」として量的緩和政策を解除、ゼロ金利政策に移行した。さらに、同年七月には無担保コール翌日物をゼロ％から〇・二五％に引き上げ、ゼロ金利政策も解除した。

不良債権処理がある程度進み、日本経済は弱弱しいながらも上向いてきた矢先、「二〇〇年に一度」とも形容される金融危機、「リーマン・ショック」が世界を襲う。二〇〇七年、アメリカで「サブプライムローン」（信用力の低い低所得者向けの住宅ローン）の返済が滞り始め、このローンを組み込んだ金融派生商品が焦げ付き、これらの金融派生商品を取引していた金融機関に大きな打撃を与えた。

そして二〇〇八年、証券大手リーマン・ブラザーズの破綻により、世界は深刻な金融危機、大不況に陥った。株式相場は暴落し、日経平均は二〇〇九年三月にはバブル崩壊後の最安値となる七〇五四円を付けた。

リーマン・ショック後、各国は金融緩和と財政出動に動いた。日米両国は政策金利を一気に引き下げ、二〇〇八年一二月、実質的にゼロ金利政策を導入した。さらにアメリカは量的緩和政策にも踏み込み、巨額の資金を市場に供給した。その後、イングランド銀行やＥＣＢ（ヨーロッパ中央銀行）などが次々に量的緩和に踏み切った。

アベノミクスと黒田バズーカ

リーマン・ショック後の日本経済も苦境の中にあった。二〇一一年には東日本大震災による甚大な被害もあり、景気は冷え込む一方であった。そのような中、日本経済に再び大きな転機が訪れる。二〇一二年一二月の安倍首相の再登板である。安倍氏は「大胆な金融政策」「機動的な財政政策」「民間投資を喚起する成長戦略」という三つの政策を掲げ、これを「三本の矢」と称してデフレからの脱却や本格的な経済成長を目指した。

そして、「大胆な金融政策」を担うべく、日銀総裁に登用されたのが黒田氏だ。二〇一三年四月、黒田日銀は「量的・質的金融緩和政策」と呼ばれる、強力な金融緩和策を打ち出した。黒田氏が総裁に就任し、最初の金融政策決定会合後の記者会見は実に印象的であった。物価目標は二年で二％、マネタリーベース（資金供給量）は二年で二倍、長期国債の保有と平均残存期間を二年で二倍以上にするというように、「二」という数字を巧みに使い、一般国民にもわかりやすく日銀の方針を説明したのだ。この緩和策は、「異次元緩和」「黒田バズーカ」とも呼ばれる空前のスケールとなった。

黒田日銀がこれほどまでに大胆な金融緩和を打ち出したのは、これまでの日銀の金融緩和がデフレ脱却にはいかにも不十分という見方が根底にある。当初、黒田氏のデフレ脱却に向けた果敢な姿勢と明快でわかりやすいメッセージに対しては、国内外から称賛する声が多く上がった。一方で、この大胆な金融緩和策が株価や地価を過度に上昇させ、資産バブルを招くと懸念を示す向きも少なくなかった。

兎にも角にも、「ようやく日本もデフレから脱却できる」と期待が高まったのは確かだ。金融市場は、すばやく反応した。異次元緩和を好感し、為替市場では急速に円安が進行した。二〇一二年に一ドル＝八〇円を割り込んでいたドル／円相場は、翌二〇一三年には一ドル＝一〇〇円の大台を回復した。円安は日本株にも追い風となり、二〇一二年に九〇〇〇円を割り込んでいた日経平均は、翌二〇一三年の年末には一万六〇〇〇円台へと急激に上昇した。

一方、物価についても少しずつ上向いた。特に、消費税率を五％から八％に引き上げた二〇一四年のＣＰＩは、二・七六％（一〇一ページの図参照）と大幅に上昇した。

しかし、消費税率引き上げがもたらしたＣＰＩの上昇は、到底「良い物価上昇」と言えるものではなかった。消費税率引き上げにより消費は冷え込み、国内景気は悪化した。二〇一四年の成長率は、前年の二・〇一％から〇・三〇％

へと大きく落ち込んだ（IMFデータベースより）。

二〇一四年一〇月、黒田日銀は「量的・質的金融緩和政策」の拡大を決定した。マネタリーベース増加額の拡大、長期国債買い入れの拡大、ETF、J－REITの買い入れ枠拡大などが発表された。この追加緩和は大きなサプライズとなり、さらなる大幅な株高と円安をもたらした。

その後も、黒田日銀は次々に新たな金融緩和策を打ち出す。二〇一六年一月には「マイナス金利付き量的・質的金融緩和政策」を導入し、ついにマイナス金利政策に踏み込んだ。民間銀行が日銀に保有する当座預金の一部に、〇・一％のマイナス金利を適用した。銀行が個人や企業への融資を増やし、緩和効果を高める狙いであったが、金利のさらなる低下は民間銀行の経営を圧迫し、かえって融資姿勢を厳しくさせた面もある。同年九月には「長短金利操作付き量的・質的金融緩和」を導入し、短期金利をマイナス〇・一％、長期金利をゼロ％程度に誘導することを決めた。

なぜ、日本はデフレと低金利から抜け出せないのか？

「異次元緩和」「黒田バズーカ」とも形容されるほど極端な金融緩和を続けてきたにも関わらず、わが国の物価は一向に上昇しないままだ。ＣＰＩは二〇一五年以降、現在まで一％をも上回ることができずにいる。物価が上がらない、つまり景気が上向かないから金利も上げられない。皮肉にも黒田日銀による異次元緩和は、「金融緩和が不十分だから、デフレから脱却できない」という説が少なくとも現在のわが国にとっては的外れであることを証明してしまった。

なぜ、日本はデフレと低金利から抜け出せないのだろうか？　ひと言で言うと「将来不安」に尽きると私は思う。ＧＤＰの二五〇％を超える政府債務を抱える世界最悪の財政状況、少子高齢化と人口減少に歯止めがかからない状況の中、アベノミクスと異次元緩和、さらにはコロナ不況への巨額の経済対策といったばら撒きはますます財政を悪化させる。それは将来の大幅な増税、さらには財政破綻をも国民に想起させる。おのずと国民は、自己防衛に走るわけだ。

異次元緩和は確かに円安と株高を強力に促《うなが》した。その結果、大企業を中心に企業業績にもそれなりの回復が見られた。しかし、サラリーマンの賃金はほとんど上がらない。ＯＥＣＤ（経済協力開発機構）などのデータによると、日本の「実質賃金」（労働者が実際に受け取った名目賃金から物価変動の影響を差し引いたもの）は、最も高かった一九九七年を一〇〇とすると、二〇二〇年秋時点で九〇・三と約一割も減少しているのだ。アメリカは一二二・二、韓国にいたっては一五七・九となっており、日本の賃金の低下が際立つ。

賃金が上がらなければ当然、財布の紐は固くなる。モノやサービスの価格に対する消費者の視線は年々シビアになり、割高なものは売れないし、そもそも必要なもの以外はなかなか買ってくれない。当然、価格競争は厳しくなる。すでに現在、多くの資源や素材の価格が高騰している。本来なら企業は製品価格に転嫁するべきところだが、値上げをしようものなら消費者はたちまち背を向ける。そこで、調達コストを吸収するために人件費を切り詰める。こうして、ものが売れず企業収益が低迷し、人々の所得が上がらない悪循環に陥る……。これほどまでに、私たち日本人には「デフレマインド」が染み付いてしまった。

これ以上ないというほどのばら撒きをしてきたにも関わらず、景気は上向かず、物価も金利も上げることができなかった。今更ながら、わが国のデフレ圧力は強力だ。

では、物価や金利は今後も上がることはないのか？　そんなことはない。むしろ政府や日銀がばら撒きを続け、個人や企業が自己防衛に走るほど、将来のインフレや金利上昇のマグマはどんどん大きくなる。

日銀が発表する資金循環統計（速報）によると、二〇二一年三月末時点の個人金融資産は一九四六兆円となり、二〇〇〇兆円に迫る。二〇〇〇年末時点では一四〇〇兆円程度だったから、この二〇年で五〇〇兆円以上積み増したわけだ。株高が資産を殖やした面もあるが、日本では金融資産の半分は現預金であり、株式や投資信託の割合は少なく、株高の寄与度は大きくない。つまり、多くの国民が所得が増えない中で懸命に節約しお金を貯めた結果、個人金融資産が殖え続けているわけだ。

企業も資金余剰の状態にある。民間企業が保有する現金・預金の残高は、二〇二一年三月末時点で三二〇兆円にのぼる。本来なら、設備投資を増やすなどして収益の拡大を目指すべきだが、先行き不透明感から投資に二の足を踏み、手元資金の確保に動いているのだ。

金融緩和で日銀がばら撒いたお金は、家計や企業にどんどん貯めこまれる。将来不安が高まれば高まるほど、さらに貯めこまれる。しかし、貯めこんでいるのは〝本質的な価値はない紙幣〟だ。世の中に出回る量が増えれば、その価値は希薄化を免れない。やがて、紙幣の不良債権化が進む。それは巨大インフレとなって、涙ぐましい努力を重ねてお金を貯めてきた人々を容赦なく襲うことになるだろう。

第四章

金利は六%を超え、日銀が破綻する可能性も

ゼロ金利は永遠には続かない

いまや、低金利は世界規模で発生している事象であり、現在の金利水準は人類史上で最も低い。特に日本では長らくゼロ金利状態を経験していることで、「金利はもはや上がらない」と金利がない今を常態と認めるムードすら漂う。今後もしばらくの間、少なくともあと一〇年、二〇年はほとんど金利がない状態が続くことを、多くの人が想定しているのではないだろうか。

ただ、気を付けてほしい。歴史が証明する通り、きっかけさえあれば金利は突然上昇するのである。歴史を振り返ると、記録が残る中で、長期金利が二％を下回る低金利になったのは過去二度しかない。一六〇〇年代のイタリアのジェノバと、第二次世界大戦前後のアメリカの二例である。もっともジェノバで経験した一番低い金利は一六一九年の一・一二五％で、第二次世界大戦前後のアメリカの国債金利は一％後半から二％前半だったから、それよりもさらに低い金利が世界のあらゆる国で見られる今は、人類始まって以来というような異常な状態であることがわかるだろう。

一六〇〇年代のジェノバが低金利に陥ったのは、地中海貿易で巨万の富を蓄え資金がだぶついたことに起因する。海洋国家として栄えたジェノバは、戦争になるとかのスペインの無敵艦隊に編成され、共に繁栄の道を進んで行った。世界中のあらゆる場所から富が集中し、それを元手に金融大国の道を歩み、スペインの海外遠征の融資を担ったほどである。

それにより最も資金がだぶついた一六一〇年代は、常に金利が二％を下回っており、一六一九年にそれまでで最低の金利を付けたのである。実に一〇年という長期で低金利が続いたわけだが、その低金利はやがて終焉を迎えた。

きっかけは三〇年戦争（一六一八〜四八年の欧州における宗教戦争）により、共に発展を続けていたスペイン王家が衰退し始めたことだ。その影響がジェノバにおよび金利は上昇。最安値を付けた六年後の一六二五年には、四％超にまで金利が上昇している。そして、ジェノバは衰退して行ったのである。

少し余談を挟むと、『母を訪ねて三〇〇〇里』という話がある。イタリアの作家エドモンド・デ・アミーチスが一八八六年に出版した『クオーレ』に登場する一つの物語を原作にしている。あの舞台がまさに衰退後のイタリア・ジェノバで、そこからアルゼンチンへ出稼ぎに行った母を息子が訪ねて長い旅をするという内容の話である。三〇年戦争で陰りを見せたジェノバは、その二〇〇年後の一八八六年でも衰退したままで、当時最も栄えていた国の一つであるアルゼンチンへ出稼ぎに行くということが起きていたのである。

ただここで、世界経済に詳しい方なら驚いたことだろう。なぜなら、一九世紀に富裕国の一つであったアルゼンチンは、いまやその影もなく破綻の常連国として世界で最も経済が切迫している国の一つに成り下がってしまっているのである。ちなみにアルゼンチンは、直近で二〇二〇年五月に破綻を宣言しており、これが実に九回目の破綻というから驚きである。

金利は突然上昇するという事例と共に、いくら繁栄を極めた国でも簡単に衰退、破綻するということを覚えておいた方がよい。

次に取り上げるのは第二次世界大戦前後のアメリカである。一九四〇〜五〇年までの一〇年もの間、一%台後半から二%台前半で推移している。この低金利は、一九二九年より発生した世界大恐慌の後処理としての景気刺激策と、第二次世界大戦における低コストでの戦費調達との二つの要因によるものと考えられる。その低金利を壊したのは、インフレである。大戦による物資の供給不足もありインフレが進み、それと形を合わせるように金利が上昇した。

実はこの裏に、アメリカ財務省とFRBの駆け引きが存在していた。財務省としては国債の金利を抑えることで利払いコストを少なくするのと当時に、国債価格の下落を止めようとした。一方FRBは、進行するインフレを抑制するために利上げを行なう金融引き締めを主張した。最終的にFRBは政府からの独立性を勝ち取り、インフレ抑制のための利上げがなされたのである。その後さらなるインフレにより、アメリカの金利は上昇して行ったのである。

歴史上において、低金利という状況がそもそも極めて少ない事例であり、そこからの金利上昇による事例が二つでは検証としては十分とは言えない。しかも、現在は異常なまでの低金利なわけだから、それがどのような形で終焉を迎えるのか予想しがたい。ただ、ジェノバのように〝何らかの外的要因（スペイン王家の衰退）による金利上昇〟、またアメリカのように〝インフレによる金利上昇〟、どちらかのシナリオが起きたとしても何ら不思議はない。

日本の周囲では、中国が香港に続き台湾にも手を伸ばそうとしているわけで、一つ間違えればその渦に日本が巻き込まれることも考えられる。また、日本にいるとあまり気付かないが、世界で見るとすでに第一章で触れた通りインフレが進行し始めている。しばらくは今のゼロ金利の状態が続くと思われているかもしれないが、それがすぐに終焉を迎え、突然金利が上昇を始めても不思議ではないのである。

インフレによる金利上昇は、不可避である

外的要因でも起きれば別だが、目先で想定するべきは〝インフレによる金利

上昇〟である。今回すでに起き始めているインフレは世界規模での出来事だから、日本にだけはやってこないとは考えられない。するとインフレの初期段階では、日本は第二次世界大戦後のアメリカのように金利を抑え込んだままにするだろう。しかし、どれだけ抵抗したとしても途中で金利を上げる方向に舵を切らざるを得ない。アメリカを含め、ほかの先進国がインフレ対応で金利を上げるのである。今回のインフレは世界規模であり、しかも中途半端なものではない。ほかの国々は、金利もある程度大幅に上げてくることが考えられる。

すると昨今の為替動向を見ると、金利差で通貨が買われる傾向が強く、金利を抑えたままにしておけばほかの通貨に比べて日本円がかなり安くなることが考えられる。日本円の通貨安、つまりほかの国よりも日本のインフレの方が深刻になるのだ。それを避けるためには、日本もある程度足並みを揃えて金利を上げざるを得ないのである。

現在、世界中が低金利の中で金利が上昇している国として、ちょうどインフレが起きているトルコを例に挙げることができる。トルコのインフレが最もひどかった時期は今から二〇年前の話で、一九七〇年から三〇年以上の長きにわたってハイパーインフレを経験した。その間、二〇〇一年に瞬間的に付けた金利は、なんと一万五〇〇〇%というから驚きである。

現在はそこまで極端なインフレにはなっていないが、二〇一八年八月以降再度インフレが懸念され、金利は上昇傾向にある。それまでほぼ一〇%以下で推移していた長期金利は、二〇一六年の終わり頃から一〇%以上が常態化し、そして二〇一八年八月に長期金利は一時二〇%を超えたのである。その後、少し落ち着きを見せ、二〇二〇年初めには一〇%まで下がったものの、再度二〇二一年三月中旬に一三%台から一八%台に急騰したのである。

この原因は、インフレを払拭するために政策金利を上げたことと政局が混乱したことにある。ただ、いずれにしてもトルコでは、わずか数日の間で長期金利が五%も動いたのである。このように、金利はいとも簡単に上昇するのだ。

このような金利の急騰は、欧州債務危機の際のギリシャにも見られた。こちらはインフレが原因ではなく、ユーロ圏からの離脱がささやかれるほどギリシャが国の信用を失った結果であった。ギリシャ国債の金利は、債務危機を迎える前の二〇〇九年末には五％を下回っていた。それが約二年後には、四五％近くまで上昇したのである。わずか数日ではなく数年であるが、実に四〇％もの上昇を記録しているのである。

これから本格化するインフレの中、日本はどれくらいの金利上昇を想定しておいたらよいだろうか。トルコのように、一八％だろうか。はたまたギリシャのように、四五％を覚悟するべきだろうか。これについては、どれだけ事態が深刻な状況になるかによるので何とも言えない。世界規模でのインフレが加速し一旦火が点くことで、最終的にそこまでひどい水準に到達するかもしれない。

ただ、一旦は過去にも経験した六％程度の金利を想定しておく方が現実的だろう。この六％は、どこかの大臣が発言したように〝おぼろげながら浮かんできた〟数字ではなく、実は長期国債先物取引の基準になる数字である。

長期国債先物取引が始まったのは一九八五年一〇月一九日で、その時から取引をされているのが「標準物《ひょうじゅんもの》」と呼ばれる架空の国債で、長期金利が六％、償還期限一〇年、残存期間が七年以上と設定されているのだ。だから長期国債に馴染みが深い数字なのである。

そしてあるチャート分析の専門家に言わせると、ひとたびインフレが起きれば、確かに金利が六％にまでなっても何ら不思議がないそうである。

では、金利がここまで上がると何が起きるだろうか。答えは「国債価格の大暴落」である。債券において金利と価格の関係は正反対に動く。金利が上がれば債券価格は下がり、金利が下がれば債券価格が上がるのだ。

これは、明確に説明ができる。少し複雑な部分もあるが、債券価格と金利の基本関係の部分なのでしっかり把握しておいてほしい。

たとえば、直近の二〇二一年一月七日に発行された一〇年物国債の金利は〇・一％であった。もちろん、価格は一〇〇で販売されている。そこから金利が上昇し、三年経った二〇二四年一月七日に金利六％の一〇年物国債が発行されたら、最初に販売された二〇二一年一月七日の一〇年国債はどうなるだろうか。当然、売られるのだ。満期が異なるとはいえ、片や〇・一％、片や六％なら、〇・一％を持っている人はそれを売って六％のものを買うだろう。結果、〇・一％の国債の価格は下がるのである。

では、逆はどうだろう。仮に今が金利の高い状態として、二〇二一年一月七日に発行された一〇年物国債の金利が六％で、そこから金利が下落し、三年経った二〇二四年一月七日に金利〇・一％の一〇年物国債が発行されたとする。すると、最初に六％だった国債の価格はどうなるだろうか。二〇二一年一月七日の、金利を六％もくれる国債は非常にお得なので買いが殺到し、当初発行された一〇〇という価格よりも大きく値上がりするのである。

ここで、ひょっとすると二〇二四年一月七日に新しく発行されたものが売れ残り、先に出された方の価格は変わらないのでは、と疑問を持たれた方がいるかもしれないが、そうはならない。なぜなら、一〇年物国債の長期金利は金融市場で特別な意味を持っており、長期で借り入れを行なう際の基準になっているからだ。

個人の場合は、住宅ローンの金利はこの長期金利を参考にして決められている。ほかにも企業が長期で融資を受ける時も、この金利が参考になる。一〇年物国債の金利が〇・一％の状態は、すべての長期金利が低いことを意味し、そんな超低金利でも国債はしっかり売れているし、そんな中で六％も金利を付けている国債があれば人気が殺到し、価格は大きく値上がりするのである。

さて、今回は金利が下がるのではなく、金利が上がることによって何が起きるのかを考えているわけだが、金利が上がれば国債の価格が下がる。

では、どれくらい下がるのだろうか。先ほどの例のように現在〇・一％の国債の場合、もし三年後の二〇二四年に金利が六％まで上昇すると、残存期間七年ということで理論上では約三分の一、下がる計算となる。価格が三割以上も下がるのである。もちろん、一瞬のうちに金利がそこまで急騰するわけではないので徐々にその価格になるわけだが、三割以上も国債価格が下がるとかなりのパニックになる。特に、それを抱えている金融機関は大パニックである。

そして、その中でも一番日本国債を抱えている日銀は、深刻なダメージを受けるのである。

禁じ手となった「財政ファイナンス」

日本銀行調査統計局のデータで、「国庫短期証券」と「国債・財投債」の合計を国債などとした時、二〇二〇年一二月末時点でその残高は一二二〇兆円にもおよぶ。そのうち日銀が抱えている額は五四五兆円と、ダントツ一番でなんと全体の四四・七%を占める。今、金利の上昇によって国債が暴落すれば、日銀は大きな痛手を負うことになるのだ。

昔からこのような構造だったかと言えば、そうではない。日本経済が絶好調でまだバブルの名残りがあった一九九〇年三月末時点では、国債などの合計残高は一七六兆円と今の二割にも満たなかった。今では到底考えられないほど、日本は財政が健全な状態だったわけだが、日銀の保有比率も一八・一%と今の半分以下である。

では、国債残高が増えると同時に保有比率が増えたかと言えば、そうでもない。その一〇年後の二〇〇〇年三月末時点で国債などの合計残高は四一五・八兆円と一〇年前と比べて二倍以上に膨らんでいる（それでもまだ財政は健全な状態ではある）が、日銀の保有比率は一一・〇％と逆に減っているのである。

この構造に転機が訪れたのは、二〇一二年冬の自民党の圧勝に終わった第四六回衆議院選挙である。選挙後、第二次安倍内閣が組閣されいわゆる「アベノミクス」が実施されたわけだが、それと同じくして日銀が導入した「インフレターゲット」によって大量の国債を日銀が買い続けることになった。すでに「アベノミクス」は終了しているのだが、目標インフレ率を二％に定めたインフレターゲットはいまだに残っており、日銀の国債買いは今も続いている。

いまや、日銀は国債の最大の保有者であるが、本来これは異常な状態である。そもそも、法律で日銀は「財政ファイナンス」を行なうことが禁じられている。財政ファイナンスとは、新しく発行された国債を日銀がそのまま買付ける「直接引き受け」のことを指し、財政法第五条によって明確に禁止されているのだ。財政ファイナンスが禁じ手とされているのは日本だけでなく、世界の共通認識

国債等の日銀の保有比率

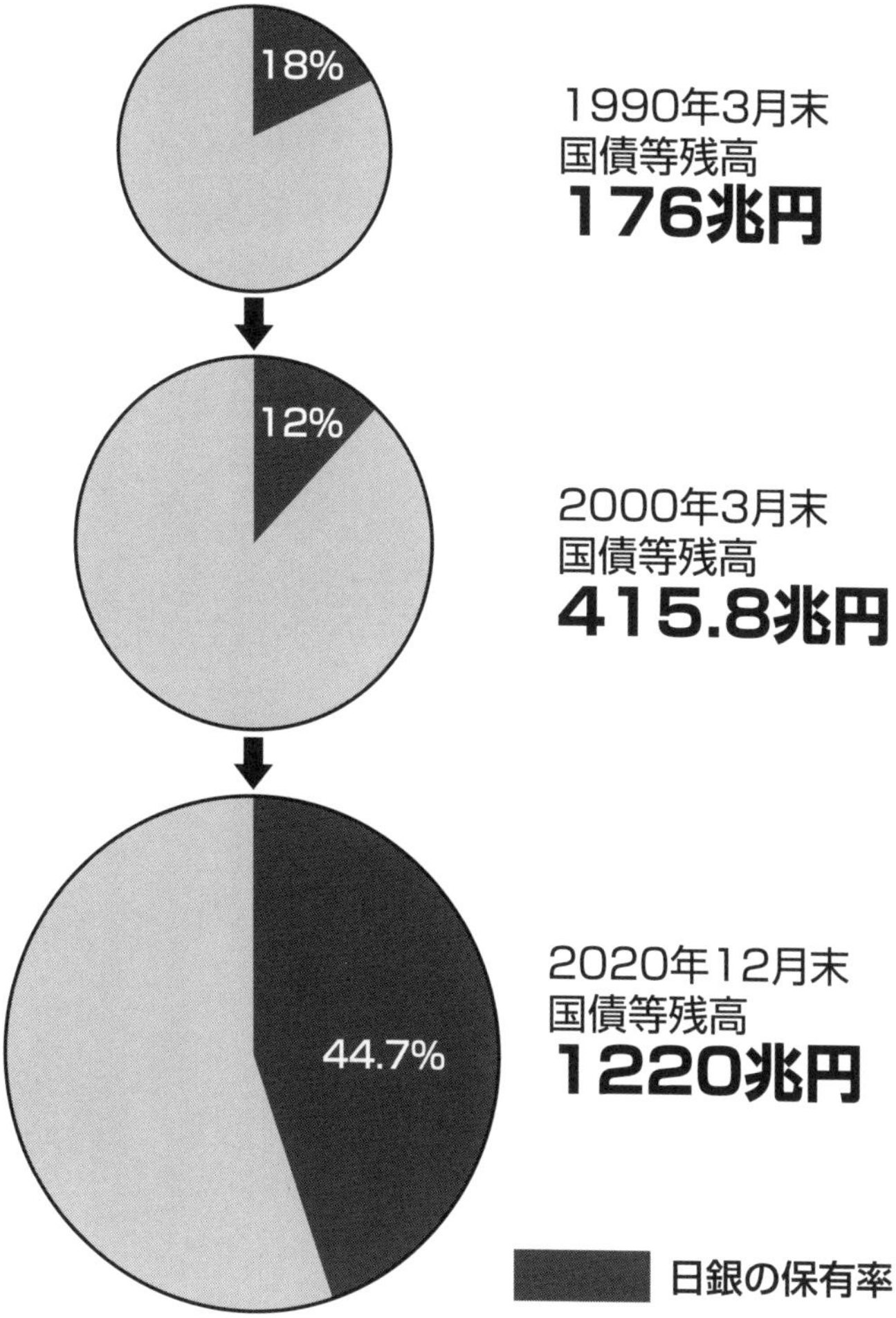

日本銀行「資金循環統計」のデータを基に作成

である。これは、第一次世界大戦後のドイツや第二次世界大戦後の日本で起きた実際のハイパーインフレを世界各国が反面教師にしているためだ。

実は、日本において初めて財政ファイナンスが行なわれたのは、昭和初期のことだ。日本の中央銀行が業務を開始したのは、一八八二年一〇月一〇日である。そこから五〇年後の一九三二年（昭和七年）から一九三五年（昭和一〇年）まで、財政ファイナンスが行なわれたのである。行なったのは時の大蔵大臣、高橋是清であった。財政ファイナンスが実施されたのには、一九二九年から始まった「世界大恐慌」が背景にある。危機の余波が日本にも伝わり、一九三〇年（昭和五年）から一九三一年（昭和六年）にかけて日本経済は深刻な経済危機に陥った。のちに「昭和恐慌」と呼ばれた事態であった。

その解決策として、時の大臣である高橋是清が日本初の財政ファイナンスを行なったのである。当初三年間の財政ファイナンスは、非常にうまく行っているかに見えた。懸念されていたインフレは現れず、日本経済は昭和恐慌の痛手から立ち直り始めたのだ。

高橋は、当初から単年度で帳尻を合わせずに一定の年限で調整しようとしていた。膨らませた財政赤字を補うために、一九三五年度および一九三六年度には増税ができるようにと考えていたのだ。もちろん、国債の発行額を抑えながらである。ところが、その行為が当時の軍部から見ると「けしからん」という話になった。軍事費削減につながる国債の減額は到底受け入れられるものではなく、軍部の反感を買ってしまったのである。そして、世に有名な二・二六事件の標的にされてしまったのである。高橋大臣が軍部クーデターにより殺害されたあとは、国債は減額されるどころか財政ファイナンスが加速することになった。それによって起きたのは、インフレである。

第二次世界大戦でのインフレというと戦後のハイパーインフレが有名だが、実は戦前であるこの時からすでにインフレが始まっており、一九三六～四二年の年平均のインフレ率は一〇・八％を示している。そして一九四一年一二月八日～一九四五年八月一五日の太平洋戦争時、一九四五年八月一五日から戦後の後処理までインフレは加速して行くこととなった。特に戦後のハイパーインフレはひどい状況で、通貨はすべて紙キレと化し、それを二度と起こさないように、その原因となった財政ファイナンスが禁じ手になったのである。

財政ファイナンスを行なった代償

財政ファイナンスが禁じ手であることは、第二次世界大戦を経験した人たちにとっては常識であった。だから、戦後の一九四七年（昭和二二年）に作成した財政法第五条で禁止したのである。そして、そうなるより前の段階で防ごうと、財政法第四条でそれよりも厳しい赤字国債の発行を明確に禁止しているのである。二つの条文を改めて確認してみよう。

財政法（昭和二十二年法律第三十四号）（抄）

第四条　国の歳出は、公債又は借入金以外の歳入を以て、その財源としなければならない。但し、公共事業費、出資金及び貸付金の財源については、国会の議決を経た金額の範囲内で、公債を発行し又は借入金をなすことができる。
第五条　すべて、公債の発行については、日本銀行にこれを引き受けさせ、又、借入金の借入については、日本銀行からこれを借り入れてはならない。但し、特別の事由がある場合において、国会の議決を経た金額の範囲内では、この限りでない。

この二つの法律によって、戦後の日本の財政は健全に運営されていたのである。そして、財政法第四条が定まってからこの赤字国債が初めて出されたのは、一九六五年（昭和四〇年）のことである。東京オリンピックの開催後の反動で、日本全体が不況に包まれ山一證券が潰れそうになった時で、のちに「証券恐慌」や「昭和四〇年不況」と呼ばれている。この時の大蔵大臣であった田中角栄が、大胆にすぐさま日銀特融を行なったのである。
その時、田中蔵相は大蔵省などのトップを集めて「お前ら、わかっているんだろうな。こんなこと二度とできないんだぞ」と特例中の特例であることを強調し、周囲に釘を刺したという。田中角栄はのちに首相まで上り詰めたわけだが、長い政治活動の中でこの日銀特融を行なった時が、一番印象に残ったことだと回顧しているそうだ。

戦後しばらくの間、日本ではこれほど異常なまでに財政を健全に保つことに腐心していたわけだが、今は見る影もない。赤字国債は一九七五年以降常態化しており、いまや実質上の財政ファイナンスも常態化している。日銀が直接国債を引き受けると財政ファイナンスに当たるため、それをせず一度市中に出し民間の銀行に引き受けさせたあと、日銀がすぐさまそれを買い取る。このような構造でどんどん日銀は国債保有を増やしているわけだが、これを財政ファイナンスと呼ばずして何と呼ぶのか。

田中角栄は日中戦争に一兵卒として従軍しているが、生前「あの戦争に行ったヤツがこの世の中の中心にいるうちは、日本は安全だ」と語ったという。そしていまや、そうではない国の体制となり、とめどもない財政ファンナンスか

トリッキーなやり口!?

禁じ手の財政ファイナンス

新規国債発行
→日銀引き受け

実質上の財政ファイナンス

新規国債発行
→民間銀行引き受け 後
→すぐに日銀引き受け

結局、日銀が保有することになる構造

らハイパーインフレへと繋がった第二次世界大戦前後と同じ過ちを繰り返そうとしている。

日銀が破綻する⁉

財政ファイナンスからくるハイパーインフレは、もはや避けられない状態であり、問題はそれが何年後に起きるのかということである。ただ目先で注意すべきは、金利上昇による国債価格の下落、それによる日銀への悪影響の方だ。というのも、それほど金利が上昇しなくても、日銀はとんでもない事態に陥ってしまうのである。

そのことが詳しく解説されたレポートが存在する。河村小百合氏による「日本の財政が破綻すれば、週五万円しか引き出せない日々がずっと続く。MMTの行き着く先を考察する」(プレジデントオンライン二〇二〇年一二月二四日付)である。河村氏は日本総合研究調査部主席研究員だから、日本でまともな最高峰のシンクタンクでかなりの実績を持つ人物である。

その河村氏は現在の国債の状況を、「すでに財政は世界最悪の状態にあるわが国で、それでもなお、こうした政策運営を延々と続けることができているのはなぜか。それはひとえに、黒田総裁率いる日銀がすでに七年以上の長期にわたり、『量的・質的金融緩和』という〝事実上の財政ファイナンス〟を継続している」（同前）として、ズバリ禁じ手の〝財政ファイナンス〟と切り捨てているのである。これだけでもかなり衝撃的だが、実はもっと驚くべき箇所がある。その部分を次に抜粋してみよう。


この国の経済や財政運営のすべてのリスクが、日銀に転嫁されていることを意味する。

ひとたびリスクが顕在化し、日銀が赤字ないしは債務超過に転落し、それが長期化する事態となれば、日銀の損失は年当たり数兆円の規模に達し、政府が補填を余儀なくされるだろう。

実際、日銀が保有する資産の加重平均利回りは二〇二〇年度上半期決算時点でわずか〇・一九八％しかなく日銀は今後、短期金利をたった〇・二％に引き上げるだけで〝逆ざや〟に陥る。一方、負債である当座預金の規模がすでに四八七兆円（二〇二〇年一一月末）にまで拡大している現在、〝逆ざや〟の幅が一％ポイント拡大するごとに、日銀は年度あたり五兆円弱の損失を被ることになる。日銀の自己資本が、引当金まで合わせても九・七兆円しかないことを考えると、日銀が債務超過に陥る可能性は大きい。

（プレジデントオンライン二〇二〇年一二月二四日付）

いかがだろう、まさに衝撃的な内容である。まず現在の状況を日銀にすべてのリスクが転嫁されていると分析し、その上でひとたびリスクが顕在化すると大変な事態になるという。それこそ、日銀の債務超過である。

債務超過とは、一般企業では破産手続開始の状態であり、株式上場企業においては上場廃止の原因になる深刻な事態である。つまり、日銀が破綻するかもしれないという、およそこれまでの常識では考え付かないような事態に陥ると警告しているのである。しかもそういった状態になるには、ハイパーインフレどころか金利六%もいらないのである。

短期金利がたった〇・二%になっただけで、日銀では〝逆ざや〟が発生するというのだ。逆ざやになると収入よりも支出の方が多い状態になるわけで、どんどん日銀の資産が圧迫されてしまう。それどころか金利が一%ポイント上がるごとに五兆円弱の損失が発生する（当座預金の五〇〇兆円に金利を付けるため）わけで、日銀の資産九・七兆円から見ると、金利が今よりも二%ほど上昇するとなんと日銀が債務超過になってしまうのである。

では、日銀が債務超過になるとどうなるのか。実は二〇一七年六月一日に岐阜市で行なわれた日銀の原田審議委員の記者会見の場で、記者が「日銀が赤字に陥るとどうなるのか」「債務超過になるとどうなるのか」という質問を矢継ぎ早に行なっている。それに対する原田審議委員の回答は「赤字になったとしても短期的であって、（金利上昇により、高い金利の国債に入れ替わるため）将来的には日銀の収益がより改善すると予想でき、問題が生じることはない」とし、債務超過については「日銀は普通の企業ではありませんので、債務超過であるとか、あるいは赤字であるとかを気にする必要はありません。金利が上がれば日銀が保有している国債からの金利収入は増えるため、最終的には利益が増えるということです。理論的に考えても、現実的に考えても心配する必要はない」と「問題なし」と答えている。

もちろん、立場として「問題あり」とは言いにくいだろうが、それを差し引いてもこれはかなり楽観的な見解と言うしかないだろう。少なくとも、以下の二つの問題は生じるのである。

一つ目の問題は、河村氏も先ほどのレポートで指摘している通り、日銀が損失を出した際には政府が補填しなければならない点である。普段、日銀は通貨発行益（シニョリッジ）などが生じている。実は、それら日銀の利益は日本銀行法第五三条により、国民の財産として国庫に納付されることになっている。

そして、この納付金は国の一般会計の歳入金となる。

もうお気付きだろう。日銀が利益を出した時は、それが国に入る。では、日銀が損失を出した時はというと、国からその分が補填される構造になっているのである。金利が二%にまで上がると、日銀はすぐにも債務超過ぎりぎりのラインになる。それが六%まで上がれば、目も当てられない。金利が上昇すると、国はその利払い費の増加に頭を悩ますことになる。それに加えて、日銀から兆円単位の補填を求められるのである。

そしてもう一つ。こちらの方はイメージが付きやすいだろうが、日銀が債務超過に陥ることにより、日本円の信用が著しく棄損するのである。これは当たり前の話で、債務超過で破綻するかもしれない銀行が出している日本円の価値がしっかりと保たれるはずがないのだ。紙幣は、信用があるから使われているわけで、その信用がなくなればただの紙キレになるのである。

では、日銀が債務超過に陥った世界で、日本円がどのように紙キレと化すのか、次の章でじっくり見てみよう。

第五章

日銀破綻で、一ドル＝三六〇円に回帰か⁉ すさまじい円安と輸入インフレが襲う未来

最も大きなバブルは〝日本円の購買力〟!?

「今、最も大きなバブルは日本円の購買力だ」——二〇〇七年の米サブプライム・バブル崩壊で、逆張り投資により巨額のリターンを得たことで知られる米ヘイマン・キャピタルマネジメントのヘッジファンド・マネージャー、カイル・バス氏はかつてこう言ってのけた。かねてから日本経済の破綻を警告してきたバス氏は、「日本円が（米ドルに対して）五〇〇円になることはないかもしれないが、想定以上に急落することはあり得る」とし、「一ドル＝三五〇円になって債務がなくなったときに、日本は買いだ」という考えを披露している。

前章では、インフレによる国債価格の下落（金利の上昇）によって、中央銀行である日銀が債務超過に転落し、最悪の場合は破綻する可能性について警鐘を鳴らした。このようなシナリオは、決して絵空事ではない。

日銀の債務超過や破綻は日本円の信認を大きく毀損《きそん》する可能性が高く、バス氏が言うように一ドル＝三〇〇円を超すような展開も十分にあり得る。この先どういった展開が待ち受けているのか詳細に予測するのは容易ではないが、日銀の金融政策に〝出口〟がないことを鑑みれば、日本円に対する信認は徐々に低下して行き、二〇二〇年代を通じて円安が進行して行く可能性が高い。

第一章でアメリカの金利に四〇年サイクルがあると申し上げたが、これからはアメリカに金利が復活するため、長期的な「ドル高」の時代を迎えると考えられる。言い方を変えると、一九八〇年代のバブル崩壊と前後して始まった長期的な円高トレンドが終わり、今度は長期の円安トレンドが始まるというわけだ。こうした金利サイクルの観点からしても、さらには日銀の野放図な金融政策の観点からしても、二〇二〇年代に私たち日本国民が最も気を付けるべきは、〝円安による購買力の消失〟である。

私の予想では、二〇二四年頃には一ドル＝一二〇～一四〇円、二〇二六年頃には一四〇～一六〇円と日本円は徐々に切り下がって行き、いずれ日本国民のキャピタルフライト（資本逃避）が活発になると考えられることから、二〇二〇年代の後半から二〇三〇年代にかけては一ドル＝二四〇～三六〇円という劇的な通貨安を経験する可能性が高い。当然、そうなるとどこかの時点で「固定相場制」と「資本規制」が導入されることも考えられる。

日本円はすでに〝ジリ貧〟

日本円の購買力が失われるという暗い未来において、最も被害を受けるのは私たち日本国民だ。すでに日本人の購買力は、長期にわたるデフレで相当に減少している。本来であればその消失分は円高によって相殺されるべきなのだが、政府や日銀の政策はまったく逆の方向を向いており、彼らは通貨安とインフレを志向している。

一九八五年のプラザ合意（過度なドル高の是正のためにアメリカの呼びかけで開催された為替レートの安定化についての合意）で円高不況を味わった日本の為政者は「円高恐怖症」を患ってしまい、それ以降は一貫して円安を志向してきた。とりわけ二〇一三年に始まったアベノミクス以降は、実質的な円安が顕著になっている。

驚くべきことに、現在の日本円を「実質実効レート」（私たちが普段よく目にする「名目為替レート」よりも通貨の対外的競争力の実体を色濃く反映している指標。ほかの通貨との相対的な実力や物価上昇率を加味して算出される）で見ると、一九七〇年代前半と同じ水準まで低下しているのだ。

円の実質実効レートが七〇年代前半と同水準で推移しているとは、単純に言えば、円による購買力が七〇年代前半と同等であるということだ。例えば、八〇年代後半から九〇年代までは、海外から来日した外国人は一様に、日本の物価の高さに文句を言っていた。一方、日本人が海外旅行に行くと、日本に比べて割安なブランド物を免税店で購入して帰ってくるのが定番だった。

それがアベノミクス以降に大幅な円安となってからは、来日した外国人は「日本は安い」と口をそろえて言うようになった。実際、コロナ禍前までは銀座で買い物を楽しんでいる海外からの旅行客が目立った。一方、日本人にとっては海外旅行先でさまざまな物が割高に見え、免税店では「日本で買った方が安い」との声が多くなった。

（ダイヤモンド・オンライン二〇二一年七月一六日付）

為替予測に定評のある、ＪＰモルガン・チェース銀行のマネジング・ディレクター佐々木融氏は、こう指摘する。佐々木氏は、「日本だけがデフレでその他の世界はインフレ基調であるから、本来は為替レートの調整によって（この場合は円高）日本人の購買力が維持されるのが自然だが、現状はそうなっていない」と説明。「デフレに加えて円の実質実効レートが低下しているため、日本は『ジリ貧』の状態だ」と指摘した。

その理由として、佐々木氏は以下の四つを挙げている。

①日本企業によるキャピタル・フライト（資本逃避）

円の実質実行レートの推移

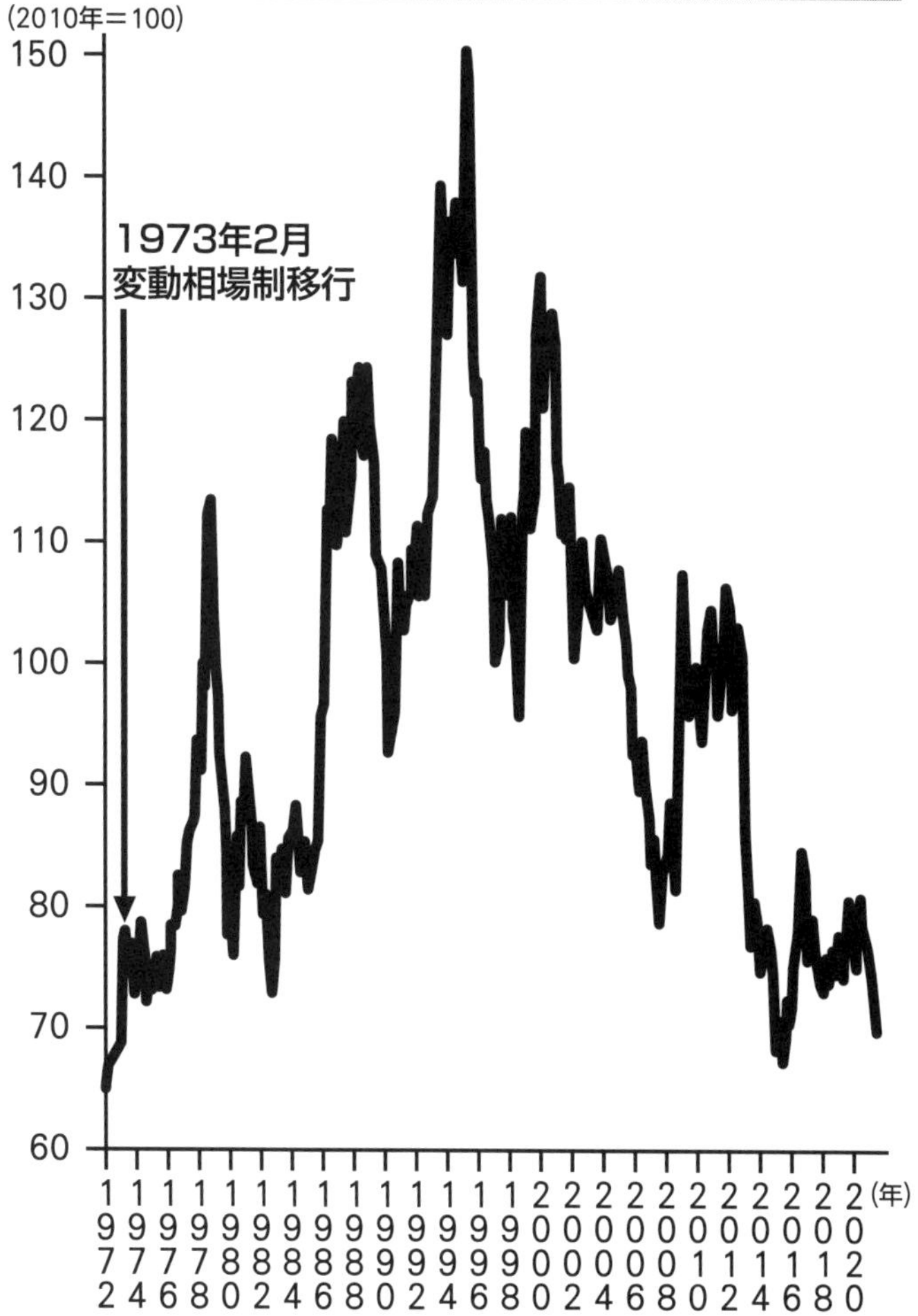

日本銀行のデータを基に作成

②日本企業が円安メリットを以前ほど享受できなくなっている
③外国人投資家の失望・日本株売り
④日本の家計の現金選好
それぞれの理由の詳細は省くが、佐々木氏は以下のように予想する。

外国人にとっては、日本はさらに割安な国となっていくのだろう。コロナ禍でも他の主要国の物価は上昇する一方、日本の物価は若干下落している。それにもかかわらず円安になっているので、国境を越えた往来が通常に戻れば、ますます購買力をパワーアップさせた外国人観光客が日本に押し寄せてくることになるだろう。

それ自体は日本経済にとって良いことなのだが、いつしか良いモノ・サービスの価格は外国人向けに高く設定され、日本人には手の届かない水準になってしまうかもしれない。

今後もリスクオンの時に円安、リスクオフの時に円高、という短期的な変動パターンは続くだろう。今年に入ってからの円安基調も典型的なリスクオン時の円安だ。従って、前述のように世界経済に暗雲が垂れこめれば、対ドルの円相場が一〇〇円を割ることもあるだろう。

しかし、それでもすぐに反発してしまうようであれば、『悪い円安』は既に始まっていると考えた方がいいのかもしれない。日本はこのまま何も手を打たないでいると、国際社会の中でさらにジリ貧となっていくことは避けられない。（同前）

「日本は貿易立国」であるという幻想

日本人の中には、政府が積極的に広報していることもあり、「円高は悪で、円安が良い」と漠然と認識している方もいるだろう。しかし実は、国民からすると円安の〝行き過ぎ〟はとても怖い。生活が破壊されるリスクがあるためだ。

前述したように、日本円の相対的な価値はすでに一九七〇年代前半の水準まで低下しており、デフレ（給与の減少）も相まって日本人の購買力はかなり減少している。直近のＯＥＣＤ（経済協力開発機構）による賃金についての調査によると、二〇一九年の日本人の平均賃金は三万八六一七ドルで、アメリカの六万五八三六ドルと大きく差を付けられた。にわかには信じられないが、韓国（四万二二八五ドル）にも抜かれてしまっている。

円建てで見ても、日本の給与はずっと横ばいだ。二〇二〇年の日本人の平均年収は「四四〇万円」だが、バブル崩壊後の一九九一年の「四三九万円」からほとんど変わっていない。二〇〇〇年の「四六四万円」からすると、むしろ下がっている。コロナ禍の前に海外へよく行っていた人なら、日本人が相対的に貧しくなっているということを直感でわかるはずだ。

こうした状況でのさらなる円安の進行は、日本人にとって致命的となる。しかし、政治家も含めてさらなる円安を求める声が後を絶たない。それはいまだに日本が「貿易立国」であるという幻想から来るものだ。確かに通貨安は輸出にとって有利に働く。買い手（輸入先）からすると日本製品が安くなるためだ。

反対に通貨安は、自国民が海外からモノを輸入する際に不利に働く。

ところが、日本経済はすでに「貿易立国」としての姿を大きく逸脱している。二〇一九年時点で日本の貿易依存度（輸出入がＧＤＰに占める割合）は世界二〇七ヵ国中一八五位。Ｇ７（日本、米国、英国、カナダ、ドイツ、フランス、イタリア）＋２（中国、韓国）の中でも下から二番目だ。意外と理解されていないが、現在の日本経済は「内需依存型」となっている。

内需依存型とは、経済が基本的に自給自足（日本で製品やサービスを作って日本人に買ってもらう）で成り立っているということを意味しており、国民の消費こそが経済成長の源泉だ。すなわち、持続的な経済成長には恒常的な日本人の所得向上が必須の条件となる。それには人口の増加や生産性の向上が必要になるが、ご存じのように日本はそのどちらも失敗してしまった。

対照的に、日本よりもさらに内需依存型の経済であるアメリカ（アメリカは日本よりもさらに貿易依存度が低い）は、移民による人口増や生産性の向上に伴う給与アップに成功している。リーマン・ショックのような金融危機など紆余曲折はあったものの、持続的な経済成長を実現させてきた。

自国の将来を有望視するアメリカ企業に対し、多くの日本企業は自国の将来を悲観視している。イギリスのロンドンを本部とする国際会計事務所グラントソントン・インターナショナルが二〇二一年七月に発表した世界三〇ヵ国の企業家に自国の経済の見通しについてたずねた調査結果では、中国が一位であったのに対し日本は最下位となった。調査では、日本経済の見通しが良好だと回答した日本の企業家はわずか一七％に留まった一方で、六七％が日本経済はすでに疲弊している、あるいはさらに悪化するかもしれないとの見方を示している。

実際、多くの日本企業は給与アップや国内での設備投資におよび腰だ。結果的に、現役世代の多くは懐具合が極めて寂しくなっている。

こうした状況下で趨勢的《すうせいてき》な円安が襲えばどうなることか。日本の中間層の購買力はさらに削がれ、事態が長引けば彼らの存在そのものが消滅してしまうことだろう。いずれは、外貨を稼ぐために日本人の中国などへの出稼ぎが当たり前となるかもしれない。まさに、〝亡国への道〟である。

極端な話、通貨高で滅んだ国はない。危険なのは、行き過ぎた通貨安だ。誠に恐ろしいことに、日本はその方向に突き進んでいる。

今までは通貨安と言うと、政治基盤がぜい弱で財政ファイナンスの誘惑に駆られやすい新興国での話がほとんどであった。たとえば、トルコ、カンボジア、アルゼンチン、エルサルバドル、ベネズエラなどでは国民の自国通貨に対する信認が薄く、自国通貨とともに米ドルが平然と流通している。さすがに日本で米ドルが流通するところまで行くかはわからないが、今後は制度疲労に直面した先進国でも〝通貨に対する信頼の危機〟が起こり得るということは理解すべきだ。そして、その筆頭候補は日本である。

海外発のインフレで日銀は究極のジレンマに

政府債務残高を巡ってはどこの国も似たような状況にあるが、過去四〇年間にわたって続いてきたデフレ（金利の低下）は、債務の負担を軽くする方に作用した。一般的に貨幣価値が上がるデフレは、借金の負担を増やす（インフレはその逆で借金の負担を軽減させる）と解説されることが多い。しかし、デフレによる金利の低下は借り手にとって有利となってきた。趨勢的なデフレ下においては、借り換えの際にはさらに有利な金利が適用される。こうした借り手に有利な状況が長く続いたことによって、世界全体で政府債務が増えた。

国際金融協会（ＩＩＦ）がまとめたリポートによると、二〇二〇年の世界の債務は新型コロナウイルスの影響で二四兆ドル増加し、過去最大の二八一兆ドル。世界の国内総生産（ＧＤＰ）に対する債務の割合は、三五五％を上回った。ＩＩＦの推計では、政府の財政出動が増加分の半分を占める。

ところが、政府債務を巡る利払い負担に関しては極めて馬鹿げたことが起こった。ＢＩＳ（国際決済銀行）が二〇二一年六月二九日に公表した年次報告書によると、中央値で見た二〇二〇年の発行済み国債の金利は、なんと「ゼロ％」。そして対ＧＤＰ比の債務返済コストも「ゼロ％」。対ＧＤＰ比の債務返済コストの中間値は二〇一九年が〇・七％前後、二〇一〇年が一・五％とこれ

先進20ヵ国の公的債務と国債平均利回りの対GDP比

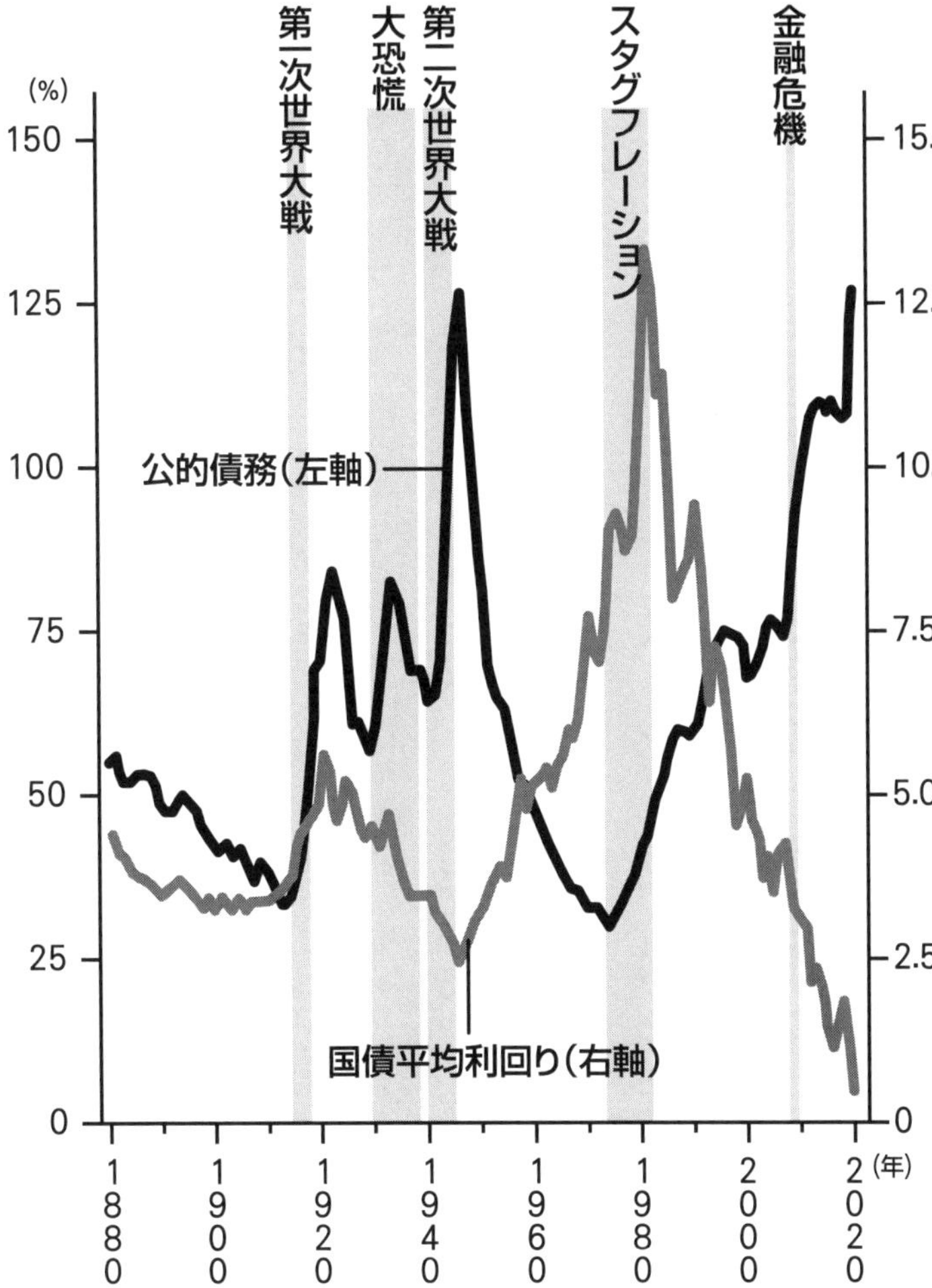

IMFのデータを基に作成

でも十分に低いが、コロナ禍において各国政府は返済コスト「実質タダ」で国債を発行できたのである。

経済学の世界のフリーランチ（タダ飯）はないという法則から考えれば、もはや全世界で深刻な財政ファイナンスが行なわれていると疑いたくなるが、兎にも角にも借り手の返済コストの減少にはデフレが寄与している。

しかし、もしインフレ襲来となるとそうは行かない。インフレが襲来しても人為的に金利を低く抑える手はずを主要先進国は有しているが、デフレ下と違いインフレ下でそれをやってしまえば、劇的に通貨安が進む恐れがある。

それゆえ、今回の世界的な地殻変動（デフレからインフレに変わる兆し）には特段の注意が必要だ。とりわけ海外発のインフレは、日銀を究極のジレンマに追いやる可能性を秘めている。極論を言うと、海外発でわが国にもインフレ襲来となれば、日銀に残された道は二つしかない。一つは、日銀の財務が大きく損傷することを甘受して「海外の中央銀行に追随して利上げする」という道である。そしてもう一つは、「インフレを放置する」という道だ。

前者の場合は、通貨高（通貨防衛）と引き換えに金利上昇によって国内景気が深刻な打撃を受ける。後者の場合は、趨勢的な円安が必至だ。ただし、前者の場合でも金利上昇による通貨高が一過性で終わってしまうこともあり得る。金利上昇によって政府債務残高の発散や日銀の債務超過や〝破綻〟がクローズアップされることによって、結果的に円の信認が低下するというシナリオだ。そうなると、遅かれ早かれ円安にたどり着く。

日本経済があまりに高レバレッジ（債務まみれ）であることは、世界的にも周知されている。しかし、本当のリスクは〝金融政策の出口が存在しないこと〟が白日の下に晒されたときだ。

通貨の信認は、いつどのタイミングで毀損するかは誰にもわからない。国民が自国通貨を信じられなくなった時、としか言いようがないのだが、私は金融政策の出口が存在しなかったことが判明した時にターニングポイント（転換点）を迎えると考えている。たとえば、日本のインフレ率が目標の二％を恒常的に上回っているのにも関わらず日銀が金利を上げない時、またはヘリコプター・

マネーのような政策が導入された時などだ。

これらすべてが、日銀の信認を傷付ける。最初のうちは、経済に精通する者から日本円を外貨に両替する動きが起き、やがて多くの日本人が「これは本当にマズいのではないか」と考え出すのではないだろうか。

現状は日本円が「安全資産」とされているが、将来的にその地位は極めて危うい。今の日本円には、強弱それぞれの思惑が働いている。「強」材料は、日本円がデフレ通貨ということだ。デフレが常態化すると、物価上昇によって目減りしない、価値保存に適している通貨として為替市場で選好されやすくなる。「弱」材料は日本の将来性そのものだ。消費市場としての日本の魅力や将来性は、人口減・少子高齢化の急ピッチな進行によって減少せざるを得ず、長い目で見た場合の投資対象として円は選好されにくい。

日銀の信認が揺らいだ場合、ここに圧倒的な「弱」材料が追加されることとなる。日本国民は現金が大好きで、今の今まで現金の価値を疑ったことなどないだろうが、日銀の信認が揺らいだとしても、果たしてそうした態度を貫くことはできるだろうか。歴史的にも日本の社会には「右向け右」という風潮がある。どこかの時点で一気に日本円に対する信仰が崩れることも考えられなくはない。一ドル＝一四〇～一六〇円くらいのレンジに突入すれば、パニック的な衝動に駆られる人も出てくるのではないだろうか。

前述したように、実質実効レートで見た日本円の購買力は、一九七〇年代前半のそれにまで戻っている。そうした状況で一ドル＝一四〇～一六〇円まで進めば、輸入物価の高騰を肌で感じるはずだ。こうなると、いくらおとなしい日本国民でも外貨を持とうという意識に目覚めてもおかしくはない。

そして通貨危機の歴史が示しているのは、「信用を取り戻すのは容易ではない」ということだ。たとえば、自国通貨とともに米ドルが流通している国々では国民が常に外貨を選好することもあり、通貨安とインフレ体質が染み付いてしまっている。

個人間の問題でも信頼を取り戻すのは難しいが、ましてやお金の話になるとよりシビアに考えるというのが人の性《サガ》だ。価値の低下に結び付く決定的な失敗を犯した中央銀行を信用するのは、そんなに簡単なことではない。日本人の間でも、海外投資などで購買力の維持に努めようとする人が増えるはずだ。

たとえばの話、日本で通貨危機が起きて一ドル＝二〇〇円まで円安が劇的に進み、そこでドラスティック（徹底的）な改革が断行されて一ドル＝一二〇円まで戻したとする。しかし、一度でも失われた信用は簡単に取り戻せない。多くの人はこう考えるはずだ――「こういったことはまた起きる」。そうなると、円高に戻ってもそれをチャンスとばかりにせっせと外貨に換えようと動く人たちが一定数出てくる。そうなると円高が定着しづらくなり、何か不測の事態が起こるたびに円安への揺り戻しが起きてしまう。

これが、通貨危機に陥った国の姿だ。過去には、デノミ（新しい通貨への切り換え）などによって通貨安を鎮めたケースもある。しかし、そこには計り知れない痛みが伴っていた。もちろん、痛みを感じるのは国民の方である。

日本の為政者が、そこまでの改革を実行できるかどうかは未知数だ。韓国のように、ＩＭＦ（国際通貨基金）のような〝外圧〟によってそれを実行することもあり得る。もちろんそれができないようであれば、アルゼンチンやトルコのようにずるずると通貨安とインフレを繰り返す二流国家への転落は必至だ。

円安と貿易赤字の悪化というスパイラルへ!?

仮に円安になっても、輸出やインバウンド（訪日外国人観光客）が倍増するから、時を置かずに「日本は復活する」という言説も見受けられる。確かにそうしたシナリオでは、貿易収支や旅行収支の改善で円高圧力が息を吹き返す公算が高い。

しかし、前述したように日本経済はすでに貿易立国ではなく、内需依存型となっている。一部の製造業やインバウンド事業は多くの外貨を獲得できるかもしれないが、それらの収入が日本全体を潤すということには至らない。しかも昨今は海外売上高比率の高い日本企業は一様に「キャピタル・フライト」（稼いだ外貨を日本円に換えず外貨のまま海外で運用）に熱心で、「地産地消」（海外に工場を構え、現地の人を雇用し、現地の消費者に売る）も当たり前となっている。したがって、円高圧力も限定的となるはずだ。

むしろ、一般の人は常に〝輸入インフレの恐怖〟と隣り合わせで暮らすことになるだろう。中でも恐れるべきが「鉱物性燃料」の輸入金額が著しく増加する事態だ。最悪の場合、円安による輸入金額の増加→貿易赤字の拡大→さらなる円安、というスパイラル的な通貨安とインフレが発生することもあり得る。

ここで、日本の貿易の基本をおさらいしておきたい。二〇一九年の「輸出」を見ると、日本の主力商品は自動車、半導体等電子部品、自動車の部品、鉄鋼、原動機。主な輸出相手国は、自動車分野がアメリカ、ユーロ、中国など。半導体分野が中国、香港、台湾、韓国、タイなど。鉄鋼は中国、韓国、タイなど。

反対に「輸入」の主な商品は、原油および粗油、LNG（液化天然ガス）といった「鉱物性燃料」。それに衣類・同付属品、医薬品、通信機、食料品などだ。

主な輸入相手国は、自動車、船舶、飛行機の燃料や工場の動力用燃料などになる原油は、サウジアラビア、アラブ首長国連邦など。発電の燃料や都市ガスなどの原料になるＬＮＧは、オーストラリア、カタール、マレーシア、ロシアなど。衣類は、中国、ベトナム、バングラディシュなど。食料は輸入に頼っているモノが多く、とうもろこし、大豆、小麦ともにアメリカからの輸入が大部分を占め、その他はブラジル、カナダ、オーストラリアなど。

かつての日本は貿易黒字の常連国であったが、近年の日本の貿易収支は黒字と赤字のトントンくらいに収まることが多い。これは二〇一一年の東日本大震災によって日本中の原子力発電が停止したために、「鉱物性燃料」の輸入が増えたためだ。

円安が進むと、自ずと米ドル建てのエネルギーの輸入価格も大幅に増加する。すると日本の交易条件（輸出物価指数を輸入物価指数で除した比率。輸出物価に対して輸入物価が上昇すると、交易条件は悪化し、自国の貿易にとって不利となる）は、大幅に悪化してしまう可能性が高い。

大和証券のシニアエコノミスト末廣徹氏は、二〇二一年七月一六日付の東洋経済オンラインで「足元では、原油など商品価格の上昇に伴って図（著者注：

一六九ページの図）のように、日本の交易条件は急速に悪化している」とし、その理由として以下のように説明している――「日本の輸入品目の内訳は、燃料や鉱産物、食料といった一次産品が輸入全体の約三割を占めている。そのため、輸入物価は一次産品の市況変動による影響を受けやすい。一方、輸出は一般機械、電気機器、輸送用機器などが輸出全体の約五割を占めている。価格競争の激しいこれらの品目ではコスト増を価格に転嫁することが難しく、交易条件が悪化しやすい」。

末廣氏の説明は「一次産品の価格上昇が交易条件を悪化させる」というものであり、理由が円安による（円建てでの）輸入金額の増加であれば、「反対に円安によって輸出数量も増えるから交易条件はそこまで悪化しないのでは」という反論もあろう。しかし、企業のキャピタル・フライトと地産地消が常態化した今、果たしてそう理論通りとなるかは極めて未知数だ。

少なくとも、大多数の日本人はエネルギー価格の上昇によって日々の生活に大きな負担を感じるようになるだろう。日本は、全エネルギー源のおよそ九割

日本とアメリカの交易条件

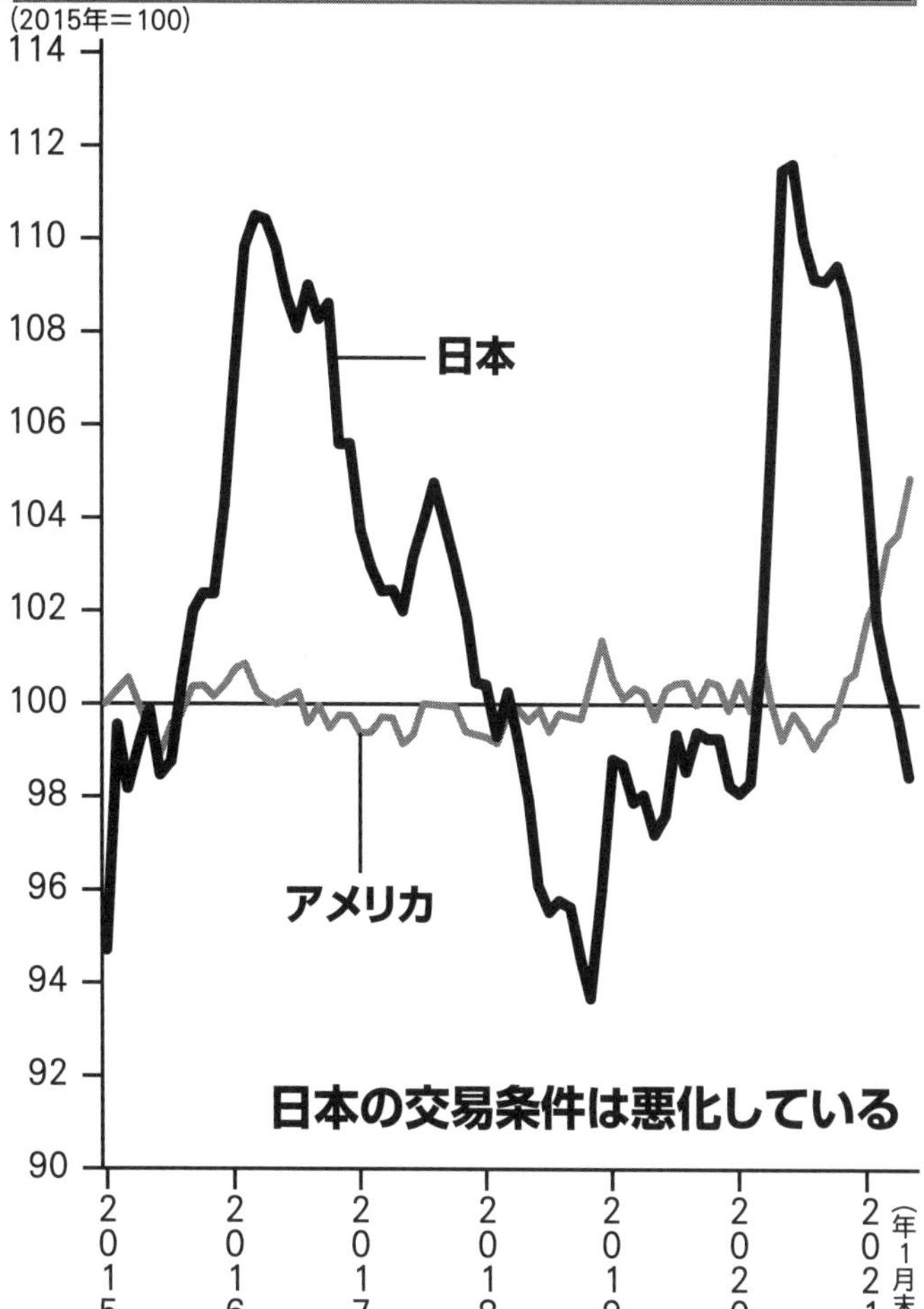

日本銀行、BLSのデータを基に作成

を輸入に頼っており、外食や総菜などの食材も輸入がほとんどだ。

前述したように、円安と貿易赤字の悪化というスパイラルに突入する可能性もある。そして一度でもその〝ドロ沼〟に足を踏み入れたら、そこから脱却するのは難しい。

結論からすると、行き過ぎた円安は亡国への道である。多くの人はいまだに気付いていないが、金融（財政）政策やファンダメンタルズ（基礎的要因）のどれをとっても日本はそこに向かって突き進んでいると言えよう。本章の冒頭でカイル・バス氏が言ったように、最大のバブルは日本円の購買力にある可能性が極めて高い。

第六章

あなたの資産は急激なインフレに耐えられるか

繰り返す歴史の中で重要なこと

「忘却」は、ほぼすべての人間に備わった性質だ。大事なことを忘れて大きな失敗をすることもあるが、しかし人間は「忘れる」ことができるおかげで自分を保ち、まっとうに生きて行くことができるとも言える。

人生には様々な出来事が起き、時に我を忘れるほど怒り、立ち上がれないほどの悲しみに打ちひしがれ、消えてなくなってしまいたいほどに自らに絶望することもある。しかし、こうした出来事や心の傷も、時が経つにつれて忘却の彼方へと消え去って行くものである。苦しみから立ち直り、そしてまた前へと歩みだして行くことができるのだ。

まれに、こうした出来事や感情をいつまでも忘れられないという人がいる。近年の研究では、精神疾患の一つと捉えられ解決方法が模索されているというが、そうした精神状態はおそらく私たちが想像を絶するほどの苦しみの連続であろう。たとえば、ひとたび過去の出来事を当時の怒りと共に思い出すと、思考がそのことに支配され何も手に付かなくなる、という具合だ。しかも数時間などではなく、一週間や一ヵ月、ヘタをすると年単位でその状態が続くのだ。そして、どう振り払おうとしても忘れることができず、結局また怒りの感情に頭が支配されてしまう。もはや、健全な社会生活など到底おぼつかないだろう。

それはある種の地獄かもしれない。そのことを考えると、「忘れることができる」というのは、人間が幸せに生きて行くためにいかに重要な性質かが理解できるだろう。

「忘れる」ことの重要さは、歴史上の著名人たちも異口同音に唱えている。『伊豆の踊子』『雪国』『千羽鶴』など、数多の名作を生み出し日本人初のノーベル文学賞を受賞した昭和の文豪川端康成は、様々な名言も残しているが「忘却」についても実に彼らしい美しさで表現している。

「忘れるにまかせるということが結局最も美しく思い出すということなんだ」

（『散りぬるを』）

つらいことや悲しいこと、早く忘れてしまいたいと思うことも、あえて努力をせずに「忘れるにまかせる」ということで、やがて様々な物事が美しい思い出になって行く、という考え方には、あらゆる出来事や感情をそのまま受け止め、そして前向きに生きて行くことの大切さを見出すことができるだろう。

かように、人は忘れられる生き物であり、そしてそれは人が生き抜く上で非常に重要な性質である。このこと自体には私も大いに賛成する。特に、川端が生きた大正から昭和、そして戦後の高度成長期は、それこそ激動の時代だった。自分にはどうにもならない出来事によって人々が翻弄され、そして心に大きな傷を負った時代である。そうした傷を忘れ去ることは、前を向いて生きて行くために大いに必要なことであったろう。

しかし一方で、何でも忘れて「美しい思い出」にしてしまってよいわけではない。本当に大切なことはしっかりと覚えていること、それも「忘却」と同等に重要なことである。特に、過去に起きた深刻な出来事や事実をなるべく覚えていることで、人はより良く生きることができる。なぜか。それは何度でも同じ失敗をする生き物だからだ。「歴史は繰り返す」という格言があるが、まさにこれは人類が「忘れる」生き物だからこそ起きることだ。

人間は長い歴史の中で、何度も同じ過ちを繰り返してきた。あらゆる国家は破綻し、通貨は紙キレとなり、人々は戦争を繰り返し、搾取した人間は搾取された人間に滅ぼされてきた。歴史を紐解けば、いかに人間が同じ過ちを繰り返してきたかは一目瞭然なのだが、しかしそれでも人は忘れ、それゆえに「歴史は繰り返す」のである。ただこれは、大いなるヒントでもある。逆に考えれば、最も重要なことをしっかり覚えていれば、それだけで他者に抜きんでて時代を生き抜くことができるということだからだ。

インフレ下での生活で注意する事象

本書のテーマである「巨大インフレ」などは、まさに現代の多くの日本人が忘却の彼方に置き去りにしたことの典型である。一九九〇年のバブル崩壊以降、三〇年以上にわたってデフレが続いてきたのだから無理もない。下手をすると、三〇代前半ぐらいまでの若者たちは、「物価が上がる」ということを実感した経験がないわけで、本当の意味でその恐怖を想像できない可能性すらある。

私たちは今、巨大インフレがいかに恐ろしいものかを再認識する必要がある。前章までで巨大インフレ到来の可能性や過去の巨大インフレによるパニックについて見てきたが、今一度、巨大インフレがどういうもので私たちの生活と命の次に大切な財産にどんな影響をおよぼすのかを整理して行く。これらの出来事が明日にも自分に起きた時、どんな事態になり、どういう思いをするのか、想像を巡らせながら読み進めていただきたい。

事象その一：驚くべき物価上昇とモノ不足

インフレとは物価の上昇をあらわす経済用語だが、これが緩やかなものであれば何も恐れることはない。恐ろしいのは、その上昇の度合いが人々の想像を超えて急激な時だ。そして往々にして、急激な物価上昇はモノ不足へとつながって行く。

わかりやすい例を挙げよう。よく行くスーパーやコンビニで、毎週のように値段が吊り上がって行ったらあなたはどう思うだろうか。「来週はもっと値段が上がるかもしれない。備蓄しよう」となるだろう。周囲の誰もがこう考えれば、どんどんモノが売れてやがて品切れとなる。目当てのモノが品切れで入荷未定となっていれば、やがて多くの人が慌てて別の店に駆け込むようになる。

こうしてモノの争奪戦が始まると、生活に必要な様々なモノが店からなくなって行くのだ。第二章で見た通り、一九七三年のオイルショックでトイレットペーパーは争奪戦となった。身近なところでは、二〇二〇年のコロナショックでマスクが払底し、価格が高騰した。それまで五〇枚入りの不織布マスクが数百円だったものが、五〇〇〇円からひどい例では数万円にまで跳ね上がったものもある。こうした事象が様々な物品で同時多発的に、あるいは散発的に起きると、物流にも大きな影響が出るようになり慢性的なモノ不足に陥る。こうなると物価上昇に加速がつき、モノ不足との負のスパイラルに入ってしまう。

事象その二：物価に賃金が追い付かない

働いている人にとって、さらにその恐怖を実感するのが「モノの値段に給料が追い付かない」という事象だ。賃金は、物価上昇率も加味して上昇する傾向にあるものの、一般的に物価に比べて上昇が遅い。賃金は景気との関係があるため、景気が良ければまだしも、不景気の場合には企業も賃金の引き上げが厳しく、横ばいや最悪賃下げという事態もあり得る。

その一方で食料品や日用品、光熱費などがぐんぐん上昇すればどうだろうか。家計は生活費で圧迫され、生活水準を落としてもいずれやり繰りできなくなる可能性すら出てくる。貯えが急速に底を突き、ついには家計破綻、貧困に転落することすらあり得る。インフレが急伸する局面では、ただまじめに働いているだけでは自分の生活を守ることが厳しくなることには注意が必要だ。

事象その三：現金資産は減価のリスク

モノの値段が上がるということは、言い方を変えれば「お金の価値が下がる」

ということになる。一〇〇円で買えたパンが一〇〇〇円になれば、パンの価値は一〇倍になったと同時にお金の価値が一〇分の一になったということだ。こうした状況下で、大切な資産を現金で持っておくのは言うまでもなく最悪の手だ。現金は利息を生まない。インフレがどんどん進めば、どんどん実質的な価値が目減りするばかりである。

トルコでは、二一世紀に入るまでの約三〇年間にわたって年率三〇%を超える慢性的な高インフレに悩まされ続けたが、彼らは「手元現金をなるべく持たない」というのが生活の知恵になっていた。なにしろ、現金を手元に置いておけば毎年三割減価する世界である。実質価値は二年後には半分に、五年後には六分の一以下になる計算だ。トルコでは実際のインフレ率が年率八〇～一〇〇%を超える年もあったから、それこそ三年で本当に「紙キレ同然」になったわけである。「インフレ期の現金保有は最悪」ということは、しっかりと頭に刻み込んでおくべきだろう。

事象その四：預金は総じて不利になる

現金がダメなら預金はどうかというと、実は預金も良い方法ではない。利息が付くという意味では現金よりマシだが、「多少マシ」程度でしかない。なぜかというと、賃金の話と同じような事情だが、インフレ局面では往々にして金利の上昇よりもインフレ率の方が高いという傾向が顕著になるためだ。

インフレが高進した場合、中央銀行は一般的に金利を引き上げてさらなるインフレ加速を抑え込むという政策を取る。しかし、こうした金融政策はやり過ぎると急激に景気を失速させ、経済に打撃を加える危険もある。そのため、様子を見ながら段階的に実施して行くこととなる。

一方で、物価は極端に言えば日々の経済活動でどんどん変動して行くため、どうしても金利の上昇は物価に遅行しがちになるのだ。

前出のトルコでも、預金金利はインフレ率に敵わず、どんどん減価して行った。そのため、人々は資産防衛として「外貨預金」を活用したという。たとえば給料が入ったら、まずすべて米ドルに換金するのだ。そして、日々必要な最低限の額をトルコリラに両替して使うのである。何とも面倒な話だが、そうしなければあっという間に価値が減るのだ。両替にはコストもかかるが、そのコストを払ってでも資産価値を防衛する必要があったということだ。

預金金利がインフレ率に勝てないというのは、おそらくほとんどの国の、ほとんどのインフレ局面に共通する現象だ。したがって、あなたの財産の大半が現金や預金である場合、インフレは致命傷となり得る。たとえ今、それなりの財産を持っていたとしても、ひとたび高インフレが到来すれば五年後、一〇年後には貧乏人に落ちぶれることだろう。

事象その五：モノによって上昇率が極端に違うことも

インフレ対策の基本は、通貨「以外」の資産を持つことである。通貨以外の資産として挙げられるのは、株式、不動産、債券、金《きん》などだが、時には美術品や骨とう品、家具・家財や車もインフレ対策として用いられることがある。

特に国家破産に伴うハイパーインフレの局面では、身近な「現物」がインフレ対策に活用された例がある。第一次世界大戦後のドイツでは、すさまじいハイパーインフレに対抗するためカーペットが買われたという逸話が残っているし、二〇〇〇年代初頭のアルゼンチンではインフレ対策で自動車が売れたという。ただ残念ながら、こうした「現物」のインフレ対策としての効果はかなり怪しいと考えた方がよい。資産になり得る現物とは、最低でも希少性があってその現物に資産的価値を認める人が一定数いることが必要である。カーペットにせよ車にせよ、身近に出回っているモノにはそもそも「希少性」がない。実用価値を認める人は多いかもしれないが、それでも新しいカーペットや自動車が生産されればそちらを買い求めるわけで、わざわざ人から中古を買う必要がない。つまり資産としての価値はまったくないわけだが、それでもインフレパニックの最中にいると、「モノに換えなければ」という強迫観念に取りつかれる。

こうした「意味のないインフレ対策」に惑わされないためにも、歴史を学んでおくことは極めて重要だ。

さて、モノによる物価上昇の違いに話を戻そう。上昇率がモノによって違うなら、より上昇率の高いモノを選べばインフレに対抗でき、さらには資産を殖やすことができるわけだが、実はこれは一筋縄で行く話ではない。インフレなら常に株が有利とか、不動産が劣後するとかということは一概に言えないのだ。ある意味バブルと似たような心理が働くためか、上がらなかった不動産が突然上昇したり思いもよらなかった現物資産が注目を浴びるということがあり得る。

ただ、インフレによって価格が上昇する可能性が相対的に高いモノは、確かに存在する。それらについてはのちほど触れるが、そうした資産を組み合わせて持っておくことが、インフレ対策には極めて有効となる。肝心なのは、「一点張り」しないこと。有望な資産を複数種類持つ、ということだ。

事象その六：会社経営にも大きな影響が出る

会社を経営する経営者にとっても、巨大インフレの到来にはよほどの注意を払っておく必要がある。今までの経営の常識を一切忘れて、本腰を入れた対策を検討するぐらいの覚悟が必要だろう。

まず、会社の資産がすべて銀行に入っている会社は極めて危険だ。インフレによるパニックが起きた場合、預金封鎖や引き出し制限がかかる可能性もある。いざという時に資金が振り出せず、支払いが滞ったり給料が払えなかったりといった事態になれば、会社の信用問題となりその後の経営が危うくなる。

また、会社資産も個人資産と同様、現金や預金で持っておくと実質価値がどんどん低下して行く。このため、別の形で資産を保有して防衛を図る必要がある。バランスシートを見直して、インフレ時に影響を受ける可能性があるものを洗い出して早めに対策を打つことが重要だ。

今までの経営において、在庫や備蓄は「悪」とされてきた。しかし、業容によってはある程度の在庫や備蓄を持つことも重要となってくるだろう。なにしろ、物価がどんどん上昇して行く状況である。あとで買うほど経営の負担となるわけだから、大胆な発想の転換が必要だ。

巨大インフレによって起きる事象をざっと見てきた。私たち日本人は、約三〇年のデフレ期ですっかり「デフレ脳」が染み付いてしまっている。今まで身に着けた常識では、これからの「巨大インフレ」時代を生き抜くことは難しい。大胆に発想を切り替え、新たな時流に対応する必要があるだろう。

ここで見てきた事象を元に、これから具体的な巨大インフレ対策を解説して行くが、その前にもう一点だけ極めて重要な点に触れておきたい。

日本を待ち受ける「巨大インフレ経由国家破産」で起きること

その重要な点とは、巨大インフレが到来した場合、日本はそれだけではすまない、ということだ。第四章、第五章で見てきたが、海外でのインフレ基調が日本国内にも波及し巨大インフレが到来すれば、必然的に金利の急騰も伴うことになる。そうなれば、日銀は事実上の破綻を迎えるだろう。

日銀は現在、四九〇兆円近くの国債を保有しているが、これは国債残高全体の約半分にあたる。日銀が破綻し債務整理を進めれば、当然国債にもその影響はおよぶ。政府は金利急騰による利払い費の爆発的な膨張に加え、日銀の破綻処理も行なう必要があるが、事ここに至って財政は完全に行き詰まることとなるだろう。なにしろ今まで国債を発行しまくって何とか財政をつないできたわけだが、その国債はもっぱら日銀が引き受けてきたのだ。その日銀が破綻してしまえば、誰も国債を買わないだろう。

こうなれば、いよいよＩＭＦの登場だ。一九九八年のアジア通貨危機の韓国や二〇〇〇年代初頭のアルゼンチンのデフォルトの際、これらの国の財政支援に乗り出したのがＩＭＦだったが、おそらく日本もその二の舞となる可能性は極めて高い。財政再建にＩＭＦが乗り込んでくる状況は、端的に言って国家破産と呼んでよい状況である。

つまり、ＩＭＦと共に国家破産による「三つの恐るべき悪魔」が到来する。その一つ目は高インフレだが、それはここまでで見てきたものとは桁外れのレベルのものだ。年率三〇％どころか「月率三〇％」となる可能性もある。年率に換算すれば約二二〇〇％、一年でざっと二三倍の物価上昇ということだ。

それどころか、さらに深刻な状況も想定される。歴史上の破綻国家では、さらに苛烈なインフレを経験した例も数多くあるのだ。二〇〇九年に破綻したジンバブエでは、年率二億三〇〇〇万％（一年で物価が約二三〇万倍）となったほか、第一次世界大戦に敗戦したドイツでは、なんと一〇〇兆％（一兆倍）のハイパーインフレに見舞われている。さすがに日本がここまでのインフレに見舞われるとは考えづらいが、しかし年率数千％（一年間で数十倍）程度のインフレであれば十分に起こり得ると考えておいた方がよい。

おそらくそれは、気も狂わんばかりの状況であろう。もはや、通貨に何の価値も見出せなくなるに違いない。

二つ目の「悪魔」は、「徳政令」だ。日本の財政が破綻し、ＩＭＦが乗り込んでくれば、まず間違いなく実施されることだろう。まず、預金封鎖や海外送金禁止といった「金融封鎖」が行なわれる。資産の実質的な没収も行なわれる可能性がある。一九三三年にアメリカ政府が実施した金《きん》の保有禁止令では、国が市井のレートより安く買い上げるという形での実質的没収が行なわれた。一九九八年にアジア通貨危機の影響で深刻な経済危機に陥ったロシアでは、銀行の貸金庫が開けられ、中の資産が没収されている。これ以外にも、事実上の財産差し押さえ、移動の制限、没収などの措置は十分にあり得るだろう。

また、年金の削減、公務員給与の削減、公務員のリストラなども、「徳政令」の一環として実施される可能性は高い。「ギリシャ・ショック」によって危機に陥ったギリシャでは、ＥＣＢやＩＭＦからの財政支援を受ける見返りとして年金や公務員給与、公務員定数の削減を断行した。その結果、ギリシャ国内の貧困層が激増し、炊き出しに大行列ができたほか、国会議事堂前の広場で老人が貧困を苦にピストル自殺するという凄惨な事件も起きた。

楽天的で人生を謳歌するギリシャ人が、国家破産によって貧困を苦に自殺するまでに変質したという事実は、恐怖すべきことだ。国家破産は、国民をも変質させてしまうのだ。まさに「悪魔」の名にふさわしい。

第三の「悪魔」は「大増税」だ。財政立て直しの常とう手段であり、破綻国家ではほぼ間違いなく行なわれるものだ。既存の税金である所得税や法人税、

国家破産で到来する「三つの悪魔」

1. 巨大インフレ

2. 徳政令

3. 大増税

相続税、消費税などの引き上げは当然行なわれるが、実際のところこれだけで財政再建を早期に実現することはまず難しい。そこで、国家非常事態を宣言し特例的に新たな税金を課すという方法が採られる。代表的なものが「財産税」だ。「増税」という形の資産没収というべきものだろう。

日本では、昭和二一年二月金融緊急措置令の施行によって財産税が実施された。この時は「預金封鎖」で国民資産を差し押さえ、「新円切換」によってタンス預金をすべてあぶり出し、財産税で国民資産を根こそぎ召し上げるというやり方を取った。保有資産額に応じて適用される累進税率は、最高税率がなんと九〇%という苛烈さであった。

さらには、戦時補償特別措置法という法律を作って「戦時補償債務」（戦時中、国が物資・装備品を民間から調達する際に政府が負った債務）に一〇〇%課税するということも行なった。「課税」を方便にした事実上の「借金踏み倒し」であるから、厳密には増税ではなく徳政令と言うべきものだが、このような形で徴収されることもあるという典型例だろう。

ほかにも、不動産に課される固定資産税などは確実に徴収できる税金として引き上げの対象になる可能性は高い。いずれにしても、国家破産時に国家は、なりふり構わず国民の資産を奪いにかかる。しかし、対抗手段がないわけではない。国家破産を意識した対策も巨大インフレ対策と並行して、これからは重要となってくるだろう。

巨大インフレへの具体的対策

では、いよいよ巨大インフレから大切な財産を守るための具体的な対策について見て行こう。

①外貨を持つ（国内）

巨大インフレへの対策として、何はなくともまず行なうべきは「外貨を持つ」ということだ。資産を外貨建てにすれば、日本円の著しいインフレに対してかなりの資産防衛効果が期待できるためだ。ただ、外貨建て資産の保有はいくつか注意点があるためその点を整理して行きたい。

■米ドルを主軸にすること

当然ながら、日本のみならず海外でもインフレは進行しており、通貨の価値も刻々と変化している。当然、日本円のように急速に通貨安が進む通貨も出てくるだろう。日本円からそうした「弱い通貨」に換えても、資産価値を守ることはおぼつかない。通貨の選択が重要となるわけだが、基本的には基軸通貨である「米ドル」を選択するのが妥当であり賢明だ。

ある程度資産規模が大きい方の場合、米ドル以外に豪ドルやニュージーランドドル、カナダドル、ユーロ、英ポンドなどに分散する手はあるが、管理が煩雑になるなどのデメリットもあるため手を広げ過ぎない方がよい。

また、会社経営をされている方も会社資産の一部を外貨に換えておくことは非常に有効だ。米ドルが主軸となるが、取引先国の通貨に換えることも国によっては有効なため検討することをお勧めする。

■国内の外貨預金は要注意

外貨保有の最も手軽な方法は、国内銀行に外貨預金をすることだが、資産の大半をこれにすることはお勧めしない。その理由は以下の通りだ。

まず、外貨預金は預金保護の対象とならない。そのため、巨大インフレの到来で金融機関が破綻した場合、預入資産が大きなダメージを被ることもあり得る。また、金融パニックが起きて預金封鎖が実施されると、外貨預金は一切身動きが取れない資産となってしまう。さらに、これはインフレ対策ではないが、もしそのまま国家破産という事態になった場合、外貨預金が不当に不利なレートで強制円転される危険性も考えられる。外貨預金には、こうしたリスクを念頭に置いておくことが重要である。

とはいえ、最も手軽な対策であり、資産の一部であれば活用するのは手だろう。実際、二〇世紀終盤に高インフレ下にあったトルコでは、国民が外貨預金を使って資産防衛を図るのはかなり一般的であった。たとえば、給与が振り込まれたら即時外貨預金に組み替え、使う時に使う分だけを円転するというのは有効だ。会社の資金も、比較的出入りの早い運転資金を外貨預金にするのは、インフレ対策として有効となるだろう。

身近な「道具」として、小規模でうまく活用するのが賢明だ。

■証券口座の活用

外貨預金に似ているが、証券会社で外貨を保有することもできる。こちらの場合、銀行の預金保護に相当する保護制度が外貨建て資産にも適用されるため、より積極的に活用を検討してよいだろう。

また、そこから一歩進んで外債や外国株を購入することも有効だ。ただ、外貨預金ほど流動性は高くないため、ある程度まとめて一定期間入れっぱなしにしておいてよい資産を入れておくのが賢明だろう。

■外貨現金（キャッシュ）は保有推奨

外貨現金の保有は、インフレ対策としてかなり有効だ。先述のトルコの例でも、外貨預金に加えて外貨現金が重宝されていた。また、国家破産時のサバイバル原資としても極めて有用である。日本円が紙キレになり、銀行も預金封鎖、究極のドサクサの事態になれば、通用するのが米ドルのみという状態にもなり得るからだ。ただ、現金は盗難や焼失のリスクもあるため、過度な持ち過ぎは厳禁だ。あくまでも生活資金の延長線として生活費数ヵ月分程度を目安に保有するのが基本だ。

ただし、資産家の方でしっかりと保管・管理ができる場合には、ある程度まとまった外貨現金を保有しておくのも手だろう。将来の国家破産時には、資金繰りに困ったほかの資産家が優良な不動産物件や美術品などを安く売りに出すことも増える。そうした取引に、外貨現金を使うのだ。安く買い叩くことができれば、いずれ大きな資産になることも期待できるだろう。

また、経営者の場合、会社の資金を米ドルキャッシュにして社の金庫に入れておくこともお勧めする。巨大インフレによって預金封鎖などが実施された際、取引先への支払いや社員への給与にこれを充当することもできるためだ。

インフレが高進している局面であれば、外貨はむしろ重宝されるため、日本円の現金よりもむしろ米ドルを多く保有しておくくらいの方がよいだろう。

②現物資産の保有

インフレとは、〝お金の価値が下がりモノの価値が上がる〟という現象であるから、対策の基本は「財産をモノに換える」、つまり現物資産の保有となる。ただ、先述した通りモノの物価上昇率はまちまちであり、分散保有をすることが重要となってくる。インフレ対策として考えられる資産をいくつか見て行こう。

■金《きん》（ゴールド）

金《きん》は数千年の歴史を持つ人類の資産の象徴であり、かつては貨幣に用いられて「お金そのもの」であった。現代においてもその資産性はまったく失われないどころか、あらゆる国家が衰退し通貨が紙キレになる中、金《きん》は常にその価値を維持し続けてきた。非常に大雑把に言えば、歴史上のあらゆるインフレに対して金《きん》は常に勝者であり続けたといえる。つまり、インフレ対策を考える時に、まず筆頭候補として挙げられるべきものが「金《きん》」（ゴールド）である。

今回の巨大インフレ到来においても、短期的には上げ下げを繰り返すものの、おそらくその威力をいかんなく発揮し、その価値は上昇して行くことだろう。特に、現在は新興国を中心に金《きん》の需要が高く、また工業用途でも幅広く金《きん》が使われている。さらに、金《きん》のＥＴＦが数多く登場したことで大量の資金が流入し、価格が高騰しやすい素地ができている。したがって、今回の巨大インフレへの対策としても金《きん》は最重要の一つであり、必携の資産となるだろう。

ただ、金《きん》には固有の値動きやリスクがあるため注意が必要だ。まず、インフレの高進によって市場価値が高まるにつれて、偽物の流通も増える可能性が高まる。また、日本のように国家破産の状況に陥ると、当局による没収の可能性も高まる。したがって、いくら金《きん》が優秀だからと言っても資産のほとんどを金《きん》に換えるというやり方は得策ではない。

また、金《きん》以上に価格が上昇する資産クラスも登場する可能性は十分にある。金《きん》は希少性が高いため、誰でも入手できるわけではない。一方で、たとえば株式などは流通総量が多いため多くの資金が集まりやすく、相対的に価格が簡単に上昇しやすい。こうした事情も考慮すると、資産の一部を金《きん》で保有するに留めることが賢明だろう。

所有の仕方だが、単にインフレ対策だけを考えるならば現物である必要はなく、ＥＴＦや純金積立、金《きん》業者による保管サービスなどを利用してもよい。しかし、国家破産の危険が増した場合には、速やかに現物に換えて自分で保管することだ。さもなければ、こうした「ペーパーゴールド」は容易に当局に捕捉され、不利なレートで換金されるか没収される運命をたどるだろう。

現物で保有する場合、一キログラムの地金のみで保有するのはあまり賢明ではない。多少コストがかかっても、できれば一〇〇グラムの地金やコインなど、小さい単位のものを多めに保有した方がよい。また、小さい単位の方が現金化しやすく使いやすいというメリットもある。

■ダイヤモンド

インフレ対策として、もう一つ検討すべき現物資産が「ダイヤモンド」だ。これは意外に思われるかもしれないが、宝石も当然インフレの高進によって価格が上昇する。現物資産の分散保有の一つとして、十分に活用できるだろう。

さらに、ダイヤモンドはその先の「国家破産対策」に非常に好適な点が見逃せない。ダイヤモンドは金《きん》に比べて小さく軽く、持ち運びやすい上、いざという時にポケットに入れて移動ができ、もしそのまま海外に行くとしても金属探知機にもかからないのだ。

また、金《きん》と異なる最大の利点として、当局が実質的な捕捉対象にはしていない点が挙げられる。捕捉のされにくさは国家破産時の資産防衛において極めて重要な意味を持つため、ダイヤを資産防衛に取り入れるべきだ。

資産防衛のためのダイヤモンド保有の注意点はいくつかあるが、最も重要な点は「現金化も見据えて適切な業者を頼る」ということだ。デパートの宝石店や一般的な宝石商などでは、ダイヤモンドは二束三文でしか買い取ってくれないことがほとんどで、買取拒否の可能性すらある。

しかし、ダイヤモンドにはプロ専用のオークション市場があり、ここにアクセスできる本物の取引業者を通じると、適正な価格で売買することが可能となるのだ。

このほかに、オークションで流通しやすい重さ、品質のダイヤを選ぶなど、ダイヤモンドの活用法にはいくつか注意すべき点があるが、やはり最大のポイントは「業者選び」である。私は長年その方法について研究してきたが、近年ようやく本当に資産防衛に堪え得るルートを確立することができた。

本当に資産防衛としてのダイヤモンド活用に興味があるという方に向けて、そのノウハウをお伝えする「ダイヤモンド投資情報センター」（デパートや一般の小売店の三分の一程度の格安の価格で高品質のダイヤを入手可能）を設置したので、巻末の情報を参照していただきたい。

③海外資産の保有

外貨保有の応用編として、海外資産の保有も有効なインフレ対策となり得る。さらに、その延長線として国家破産対策にも有効であるため、可能な限り対策を講じることをお勧めする。

■海外口座

海外での資産預入先として、海外口座は非常にメリットが大きい。日本の外に資産の出入り口を持つことができるため、インフレ対策だけでなく国家破産時の「徳政令」対策としても非常に有効である。

国外にある外貨建て資産という位置付けになるが、実は日本国内にいながらにして使うことができる点もメリットだ。海外口座のカードにはデビットカード機能が付いているものが多いため、いざとなれば預金封鎖時でも国内でカード払いに使うことができるのだ。また、国内の提携ＡＴＭを使って日本円を引き出すこともできる。手数料は高めだが、国内銀行の外貨預金と違って別途の手続きなどを経ずに引き出しができるため、使い勝手がかなり良い点も魅力だ。

ただし、海外口座にもいくつか注意点がある。まず、保有する口座は財政・政治が健全な国の優良な経営状態の銀行であることが必須だ。新興国などで非常に魅力的な金利を提供する銀行もあるが、こうした国の銀行には倒産などの重大なリスクが潜んでいることがある。また、日本語対応の有無も極めて重要だ。銀行とのやり取りは思っている以上に専門的な用語などが必要となるため、日本語非対応の銀行を選ぶと口座の維持すら厳しい状況になりかねない。

さらに、海外口座の開設には現地への渡航と面談が必要で、維持にあたっては手続きも存外に多い。特に、維持に関する手続きは適切に対応しないと最悪口座から資金が移動できなくなる。また、何年も放置しておくと「休眠口座」や「口座凍結」となり、国に差し押さえられる場合もある。そうした維持に自信がない方は、専門家の助言を受けてうまく対応することが重要だ。

このほかにも、近年では海外資産の捕捉や税務当局による海外資産への問い合わせなども増えており、海外資産へのハードルは若干高めになっている。しかしながら、インフレ対策や国家破産対策には絶大な力を発揮するため、ぜひとも行なっておきたい対策である。海外についての経験がない方でも、専門家の知見を借りれば十分に対策は可能である。なお、私が主宰している二つの会員制クラブ「ロイヤル資産クラブ」「自分年金クラブ」では、海外を活用した資産防衛、資産運用について長年の経験と豊富な知見を有しており、海外口座の保有・維持、活用についても適切な助言が可能となっているので、ぜひとも活用をご検討いただきたい（詳細は巻末をご参照下さい）。

■海外ファンド

海外口座と並んで、「海外ファンド」は海外資産保有という点で非常に有効な方法である。海外口座との決定的な違いは、①日本にいながらにして海外金融機関に資産を預け入れられる、②預金とは異なり、プロに運用をゆだねて収益獲得も期待できる、という点だ。

海外ファンドは、国内にいながら必要な書類を取り寄せ、買付けの手続きを行なうことができる。一八歳以上などの年齢要件はあるが、基本的に身分証などの必要書類を提出すれば誰でも買付けが可能だ。最低投資額が百数十万円程度のものからあるため、複数の銘柄に分散投資をすれば資産保全性を高めることもできる。また、日本国内の投資信託よりも手堅く収益を獲得するものや特殊な投資戦略を用いて恐慌や高インフレなどの相場局面でも収益を獲得できるものなどバリエーションがあり、資産運用としても面白みがある点が魅力だ。

運用自体は金融のプロが行なうので、投資家は買付けを行なったあとは基本的に結果を確認するのみでよい。株式や社債、預金のように配当や利息が出ない形となっており、税務申告はファンドを解約して利益が出た時だけでよい点も魅力だ。

一例を示そう。一部の海外ファンドには、「MF戦略」という運用戦略を用いたものがある。この戦略の特長は、通常の戦略ならば損失を被りそうな国家破産や恐慌などの激動相場に強みがあり、逆に収益期待が持てるという点だ。特定の市場トレンドが生じるとそれを利益源泉にするという性質があるため、世界的なインフレ傾向に対して収益を獲得する期待もある。したがって、インフレ対策と国家破産対策を合わせて「ＭＦ戦略」を採用するファンドを保有することは、非常に有効だ。

相場の大きな変動に関係なく、コツコツと小幅の収益を積み重ねるという、一風変わった運用スタイルの海外ファンドも存在する。中でも、私が非常に注目している「ＡＴ」という銘柄はとても面白い。新興国の公務員向け消費者金融や貿易決済のつなぎ融資など、世界中の様々な国、地域の融資機会をフィンテック（金融とＩＴの融合技術）を活用して発掘、投資するもので、年六％程度の利回りを非常に安定的に稼ぎ出し続けているというファンドだ。世界がインフレ基調に向かう中、金利上昇はこうした融資ビジネスにとって追い風となる公算が高く、今後ますますの収益期待が持てる点も非常に魅力だ。

このほか、多彩な市場への投資戦略をミックスし、手堅く収益を狙う銘柄などもあり、海外ファンドの世界は非常にバリエーションが豊富である。

そしてこのほど、その中にあっても非常に面白いファンドの情報を発掘することができたので触れておこう。それは、通称「PMファンド」と呼ばれるものだ。「PMファンド」の運用戦略は、ファンドの世界においてもかなりユニークだ。投資対象は金《きん》、銀、プラチナなどの貴金属で、しかもそれらをファンドが「現物」で保有するというものだ。保有にあたっての分散比率は、各貴金属の価格推移などを元に特殊な計算方法で決定される。この比率を動的に変化(リバランス)させることで収益獲得を狙って行くというものなのだ。

本項執筆時点では、過去数年分の貴金属価格の推移を元にしたシミュレーション値がわかっているのみだが、年率平均五八%(二〇一九年六月～二〇二一年五月)という非常に良好な結果を残している。

しかしながら、私はこのファンドの最大の魅力はリバランスによる収益獲得ではないと見ている。このファンドの一番の要点は、金《きん》をはじめとした貴金属を現物で所有するという点だ。つまり、このファンドに投資をすると実質的に海外で貴金属を所有するのとほぼ同じ効果が期待できるのだ。実際、ファンドを解約した際に現金ではなく金《きん》現物を受け取ることも可能になるという。受取場所は特定されるが、日本国外で保有した金《きん》を現物受取できる意味は極めて大きい。インフレ対策だけならまだしも、財政破綻となれば金《きん》没収というリスクも出てくるため、やはり海外で現物を保有することも視野に入れるべきだろう。

今までであれば、海外で金《きん》を保有するならどこか適切な現地に赴き、金《きん》を買付け、信頼できる貸金庫などの預入先を自ら調達する必要があった。このファンドは、そうした手間を一切かけず、国内にいながらにして海外の金《きん》保有を実現できるのだ。しかも、それが特殊な運用方法を用いて収益獲得も目指すのだから、実に興味深いものである。

ただ残念なことに、このような魅力的な海外ファンドについて日本国内で情報を取り扱っているところは極めて少ないのが現状だ。どんな魅力があり、またどこに注意して取り組めばよいのかなど、なかなか知ることができないのが難点でもある。その点を克服すべく、私は海外ファンドの情報を取り扱う助言組織を立ち上げ、運営している。すでに二〇年以上の助言実績を持つ二つのクラブ「ロイヤル資産クラブ」「自分年金クラブ」では、資産規模に応じてファンド銘柄の情報や投資に関する助言を行なっている。「PMファンド」については、現在のところ情報提供を目指してデューデリジェンス（適正調査手続き）を行なっているが、早ければ今秋にも両クラブで情報提供を開始できる見込みだ。

そのほかのファンド情報については、会員様に随時情報提供、助言を行なっているので、興味がある方はぜひクラブにご入会いただき情報を得ていただきたい（「日本インベストメント・リサーチ」〈〇三－三二九一－七二九一〉）。

④さらに積極的にインフレに対抗する方法

さて、ここまではインフレ対策の〈基本編〉〈海外編〉というべき対策法を見てきた。ここからは今一歩踏み込んで、国内でできるインフレ対策の〈応用編〉というべきものを見て行きたい。

■株式

インフレ局面と株式投資は、実は相性が良い。特に巨大インフレや国家破産によるハイパーインフレなど急激なインフレが起きた場合、多くの人がお金をモノに換えようする。その時、まず注目されるのが株式だ。

実例を挙げよう。まず太平洋戦争後の一九四六年から四九年の日本の株式を見てみると、一九四八年から四九年にかけての一年間で株価は約五倍に跳ね上がっている。この時期は、日本がハイパーインフレと呼んでいいほどの深刻なインフレに見舞われた時期と重なる。少しでも資産を持つ人々は、「金《かね》より株」とばかりに株式投資に動いたわけだ。

同様の例は、第一次世界大戦後のドイツでも起きている。ドイツはこの時、敗戦によって多額の賠償金を課され財政は事実上の破綻状態であった。一九二三年には月間二万九五〇〇〇％というすさまじいインフレに見舞われ、通貨マルクは紙キレとなったが、なんと株価もそれに匹敵するすさまじい上昇を見せた。

日本とドイツの例は、敗戦とハイパーインフレという特殊要因であったが、そうではない例もある。一九七〇年代から八〇年代のイスラエルだ。この時期、イスラエルは第四次中東戦争（一九七三年）の勃発とオイルショック、イラン革命（一九七九年）、イラン・イラク戦争（一九八〇年）による第二次オイルショックという、まさに混迷の最中にあった。物価もすさまじい急騰を見せ、年平均にして八四％の高インフレが続いた。一九七二年から八七年までの一五年間で、消費者物価指数は一万倍になったというから驚きだ。

まさしく〝巨大インフレ〟というべき状況で、イスラエルの株価は六五〇〇倍になった。これは取引所の全株価の平均であるから、物価上昇率をはるかに上回る暴騰を見せた銘柄も多数出現したことになる。

このように、インフレ局面には株式投資が極めて有効なのだが、だからと言ってやみくもに株に手を出してもそう簡単にうまく行くわけではない。インフレ率をも上回り大きな成果を出せる銘柄と、インフレに太刀打ちできず、それどころか大きな損失を出す銘柄も存在するからだ。いかに、上昇期待の大きい銘柄を選りすぐって投資するかが極めて重要だ。

私は長年、国家破産対策の様々な方法を研究してきたが、株式についてもよい方法がないかと模索を続けてきた。その中で、極めて優秀な相場分析の手法

終戦後の東京株式市場

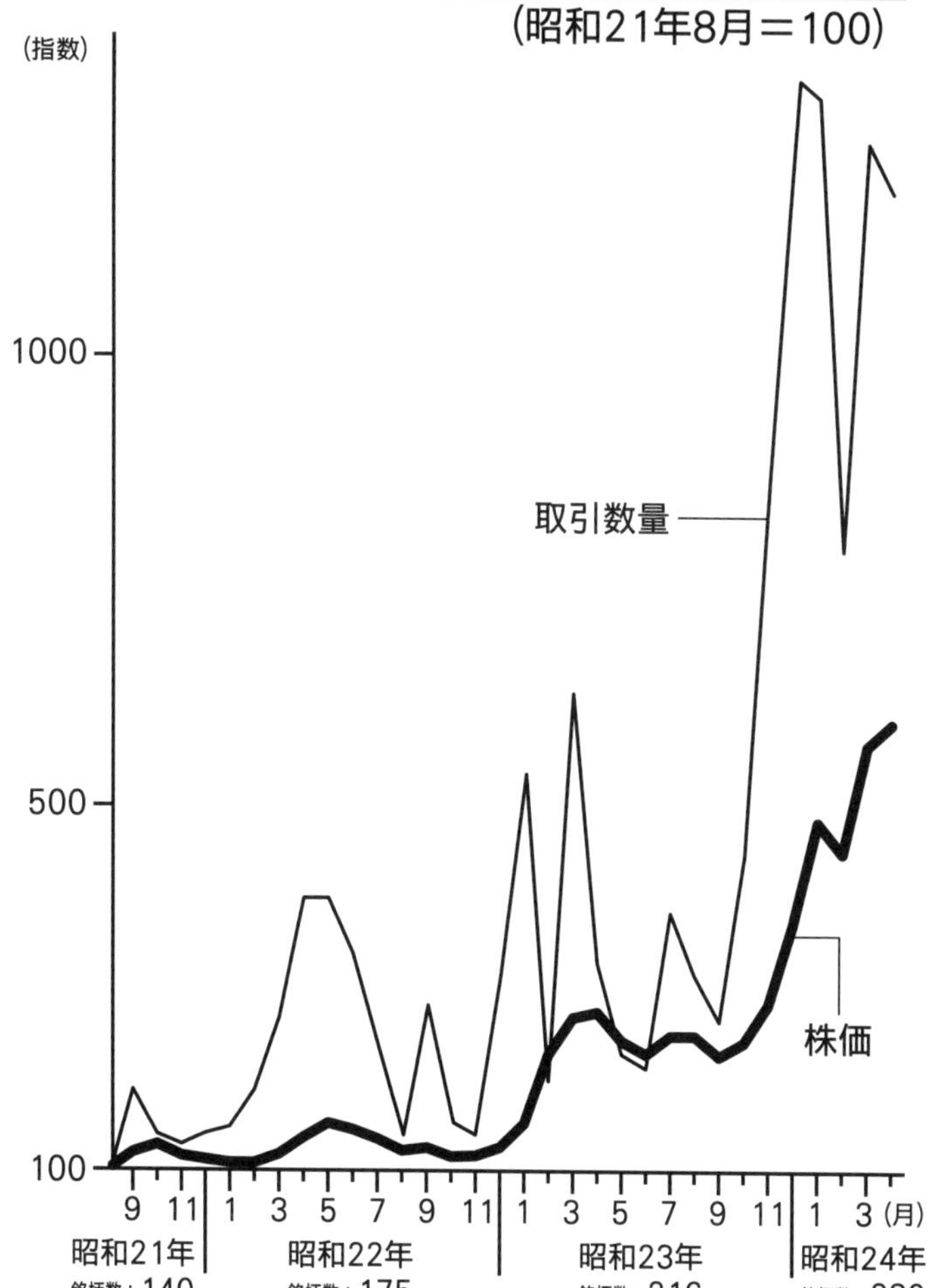

野村證券調査部『証券統計要覧』(昭和30年版) のデータを基に作成

を持つ人や、銘柄の目利きを行なう才能を持つ人を人脈として得ることができ、そうした情報を実践して一定の成果を出せる見込みが立ってきた。

そこで、私のファンの皆さんにもそうした成果を実感していただきたいと考え、二〇一八年から「日米成長株投資クラブ」を、二〇二一年からは「ボロ株クラブ」と「㊙株情報クラブ」を発足し、株式投資に関する特殊な情報を提供している。各クラブとも、日本株を中心にした情報提供を行なっているが、狙いとするところがまったく違うため異なる情報を発信している。「日米成長株投資クラブ」はすでに三年以上の実績があり、短期急騰銘柄をいくつも提供してきた。その実績については『ボロ株投資で年率四〇%も夢じゃない!!』（第二海援隊刊）で紹介しているので興味がある方はぜひご参照いただきたい。

「ボロ株クラブ」「㊙株情報クラブ」は新しいクラブではあるが、確率統計の手法を用いた特殊な銘柄情報や株価指数に関する情報を発信しており、こちらも徐々に実績が出てきている。「ボロ株クラブ」は、その名の通り低位小型株、いわゆる「ボロ株」をメインターゲットにしているが、小額から取り組みやすく、大化け（大きな株価上昇率）が期待できるという点を狙いにしている。「㊙株情報クラブ」は、勝率を重視した情報提供を目指し、さらにかなり特殊な銘柄情報も取り扱うため、少人数限定かつ会員条件も厳しめに設定した。各クラブの詳細については巻末の二三二ページをご参照いただきたい。

株式投資にこれから取り組むなら、始めるのはなるべく早い方がよい。実際に巨大インフレの大波が到来し、株価が大きく動き始めてからではチャンスを活かすことはままならないからだ。ある程度の場数を踏み、経験を積んでおけば、本格的なチャンスの時により大きな勝ちをつかめる可能性が高まる。前述のクラブでは、そうした部分も含めた投資助言を行なっているため「どう取り組めばよいかわからない」という人も気軽に活用を検討していただきたい。

もちろん、独学で株式投資に挑んでみるというのも悪くはない。自分で試行錯誤をしながらつかみ取る成功には、何にも代えがたいものがあるからだ。ただし、あまり欲をかいたり大きな夢を見ないことをくれぐれも肝に銘じてほしい。投資の世界に常勝はなく、負けも「必ず」経験することになる。いかに

「上手に負け」、そしてトータルでの勝ちを積み上げるかが勘どころとなる。

■オプション

株式投資では、時に数倍〜一〇倍という「大化け」銘柄が登場する。しかし、それよりも巨大なチャンスがある投資方法がある。それが「オプション取引」だ。日本では大阪取引所で「日経平均オプション」取引が行なわれており、個人投資家も参加できる。「日経平均オプション」とは、決まった日に日経平均を「買う権利」（コール）や「売る権利」（プット）を売り買いする取引で、先物と同様に「買い」も「売り」も行なうことができるというものだ。

一〇〇〇円から投資することができ、「買い建て」のみに取引を限定すれば投資額以上の損失は出ない。比較的安全に取引ができるのだ。そうした取り組みやすさにも関わらず、リーマン・ショックやコロナショックのような暴落相場になると、投資金額の数百倍〜一〇〇〇倍以上というすさまじい収益を上げることも可能なのだ（参考までに、売り建てを行なうとまれに投資額をはるかに上回る莫大な損失を被ることがある)。

巨大インフレ期になると、株価も大きな変動を見せるようになる。さらに国家破産ともなれば、大暴落や大暴騰といった値動きも頻繁に起きるようになるだろう。こうした激動期は、オプション取引にとってむしろ大チャンスとなる。株式投資に加えて、こうした「飛び道具」もうまく使いこなせば、これからの激動期に大きな資産を作ることも夢ではない。

ただ、オプション取引を行なうには周到な準備と勉強が必要となる。まず、従来の証券会社ではほとんどの場合取引ができず、ネット証券でのみ取引が可能となっている。したがって、パソコンやスマホを使いこなし、ネット証券での取引に習熟する必要があるのだ。また、取引ルールや価格推移の特徴など、最低限の基礎をきちんと勉強しておく必要がある。その意味では、初心者には少々ハードルが高い投資なのだ。

しかし、まったく歯が立たないほど難しいものではない。適切に準備し、勉強すれば、存外習得はできるものである。そして何より、極めて大きなチャンスをものにできるという点は見逃せない。そこで私は、魅力あふれるオプション取引にぜひ積極的に取り組んでいただくべく、二〇一八年一〇月に「オプション研究会」を発足、会員様にオプションの基礎知識とパソコン・スマホでの操作の習熟をサポートしている。オプション取引に関心がある方は、巻末に概要を紹介しているので、ぜひ活用をご検討いただきたい。

その他の資産について

ここまで、巨大インフレへの対策、そしてそれを逆手に取った投資について見てきた。これからの激動期にこれらの対策や投資はぜひ取り組んでいただきたいが、その他の資産についても代表的なものについて触れて行きたいと思う。

■不動産

不動産も、高インフレ期には物価上昇に釣り合った上昇率を期待でき、投資対象として検討に値する。「森ビル」で有名な森泰吉郎は、太平洋戦争直後に焼け野原の東京の土地を二束三文で買い漁り、戦後復興に伴って莫大な財を成した。ただ、そうしたやり方は確かに「アリ」なのだが、私は決して万人にお勧めできる方法ではないと考える。

まず、不動産はかなりまとまった原資がいる。それを借り入れで賄おうとすると、高インフレ期には高い金利が付きまとい、投資リスクが跳ね上がってしまう。ある程度の資産家でもない限り、まず入口のハードルが高い。

また、日本には少子高齢化による需要減少という根本的問題がある。需要が集中し価格が高騰する物件は都市部に限られており、また都市部の中でも需要のばらつきがある。すでに保有している不動産も価値が上がるのか下がるのかは見極めが難しく、インフレ対策としては難易度が高いといわざるを得ない。

さらに、不動産は流動性が低く現金化しにくい点も注意が必要だ。高インフレから国家破産となった時、不動産の流動性はさらに悪化する可能性がある一方で、固定資産税の増税などのリスクも考えられる。こうした要因を加味すると、資産としての不動産にはかなりのリスクがあることを覚悟しなければならないだろう。

■仮想通貨

近年、特に注目を集める仮想通貨は、「資産」としての位置付けも徐々に定着しつつある。インターネット上で容易に移動が可能な点など、可搬性に優れるという面白い特徴がある一方、相変わらず価格変動が激しいという難点もある。おそらく、巨大インフレの到来は仮想通貨市場にも巨額の資金流入をもたらし、追い風となるだろう。ただし、やはり銘柄によって濃淡がハッキリ出ることは避けられないと見られる。「ビットコイン」「イーサリアム」など代表的な銘柄についてはインフレの恩恵を受けられるだろうが、俗に「草コイン」と呼ばれるような弱小銘柄は、逆に市場変動の荒波に揉まれて泡のごとく消え失せてしまう危険もある。もちろん、代表的銘柄であっても恐ろしいほどの価格変動は覚悟すべきである。

そうしたことを総合すると、保有するにしても資産のごく一部に留めておくのが賢明だ。インフレ対策としてだけでなく、国家破産への対策としても「筋は悪くない」ため、価格が大きく下がった時に少しずつ買い足して保有して行くというやり方が適切だろう。

巨大インフレも国家破産も「やりようはある！」

すさまじい物価上昇をもたらす巨大インフレも、国民の生活を完膚なきまでに破壊する国家破産も、私たちが日常生活を過ごす中では想像すらできないようなものである。それゆえに、不安と恐怖が先に立つのは致し方のないことだ。しかし、本書で見てきた通り、その恐ろしさの正体がわかり、歴史に学んで対処法を知ることができれば、どうということはない。

いずれの危機も、やりようによってうまく資産を守ることができ、さらにはその激動と混乱を逆手に取ることすらできるのだ。

私は、これからの激動期に財産を守りあわよくば大きく殖やすことについては、あまり不安も難しさも感じていない。むしろ、本当に恐怖すべきは「人間自身」であると考えている。激動の時代に突入すると、人間は悪い意味でどんどん変質して行く。コロナ禍では、おかしな行動をする人間が現れてニュースにもなったが、私の身の回りでも様子のおかしな人やピリピリとした雰囲気に出くわす機会が非常に増えた。読者の皆さんの中にも「世の中の雰囲気がおかしい」と感じている方がいらっしゃると思うが、それは決して思い過ごしではない。社会が変質しつつある表れなのだ。巨大インフレ、そして国家破産が到来すれば、その実感はより強く鮮明になることだろう。そうした社会で安全に平穏に過ごすことは、財産を守るよりも何倍も難しくなっているかもしれない。

しかしながら、ただ不安に怯えていても仕方がない。せめて大切な財産はしっかりと対策して守り抜き、あとは「どうにかなるさ!」と明るい心持ちで日々を生きようではないか。読者の皆さんには、本書を十分に活用して激動の未来を明るく生き抜くことができるよう、備えを万全にしていただきたい。

エピローグ

インフレ経由国家破産に備える

バブル崩壊から三〇年、日本人はインフレという言葉を忘れてしまった。それも無理からぬことで、なにしろデフレと低金利に三〇年もの長期にわたってどっぷり浸っていたために「インフレなんてものは、もうやってこない」と誰もが信じ込んでいるのだ。

しかし、天災は忘れた頃にやってくる。インフレも忘れた頃にやって来るのだ。しかも今回は、新型コロナウイルス対策のために日銀だけでなくＦＲＢを筆頭に全世界の中央銀行が、史上初と言ってよいほどの天文学的ばら撒きを行なってしまった。したがって、全世界の通貨の希薄化はこれから当然のように起こるわけであり、通貨価値の下落＝インフレは、必ずやってくる。

問題は、デフレに慣れ切ってしまった日本人にとってインフレは青天の霹靂《へきれき》となることだ。人々は、一体何が起きているのかわからず、経済も資産も大きな損傷を受けることだろう。しかもコトはそれでおさまらない。あまりにも巨額の借金を背負ってしまった日本国政府は、時間差をおいて国家破産することだろう。一部の専門家は、借金の規模が大き過ぎるのと日銀がリスクを取り過ぎた（＝国債その他を買い過ぎた）ために、将来預金の引き出し制限（たとえば一人月二〇万円のみ）を一〇年以上続けざるを得ないと警告する。

いずれにせよ、衝撃的な事態が迫っているのだ。インフレ経由国家破産に備えるために、ぜひ本書の内容を参考にしていただきたい。さらに、本格的対策のノウハウを知り、実行されたい方は巻末の各種クラブ（浅井が資産家から一般の方々までを対象に作った国家破産対策のための特別の会員制クラブ）をご活用いただきたい。

ともかく、一〇年後にはこの国は、とんでもないことになっているだろう。だが、どのような時代にも正しく手を打った者には素晴らしい未来が待っているものであり、あなたが本書を基に正しい対策を実行すれば、あなたの頭上にも幸運の女神が必ず訪れることだろう。そのために、ぜひ万全の準備をされることを心から願ってペンを置くことにしよう。

二〇二一年七月吉日

浅井　隆

■今後、『老後資金涸渇』『コロナ後の資産運用』『インフレ・パニックと円120円突破!!』（すべて仮題）を順次出版予定です。ご期待下さい。

浅井隆からの重要なお知らせ

——恐慌および国家破産を勝ち残るための具体的ノウハウ

厳しい時代を賢く生き残るために必要な情報収集手段

私が以前から警告していた通り、いまや世界は歴史上最大最悪の約三京円という額の借金を抱え、それが新型コロナウイルスをきっかけとして二、三年以内に大逆回転しそうな情勢です。中でも日本国政府の借金は先進国中最悪で、この国はいつ破産してもおかしくない状況です。そんな中、あなたと家族の生活を守るためには、二つの情報収集が欠かせません。

一つは「国内外の経済情勢」に関する情報収集、もう一つは国家破産対策としての「海外ファンド」や「海外の銀行口座」に関する情報収集です。これらについては、新聞やテレビなどのメディアやインターネットでの情報収集だけでは十分とは言えません。私はかつて新聞社に勤務し、以前はテレビに出演をしたこともありますが、その経験から言えることは「新聞は参考情報。テレビはあくまでショー（エンターテインメント）」だということです。インターネットも含め、誰もが簡単に入手できる情報でこれからの激動の時代を生き残って行くことはできません。

皆さんにとって、最も大切なこの二つの情報収集には、第二海援隊グループ（代表：浅井隆）が提供する特殊な情報と具体的なノウハウをぜひご活用下さい。

◆〝恐慌および国家破産対策〟の入口
「経済トレンドレポート」

電子版も好評配信中！

皆さんに特にお勧めしたいのが、浅井隆が取材した特殊な情報をいち早くお届けする「経済トレンドレポート」です。今まで、数多くの経済予測を的中させてきました（例：二〇一九年七月一〇日号「恐慌警報第1弾！　次にやってくる危機は、リーマン・ショック以上の大災害の可能性」、二〇二〇年二月二〇日号「恐慌警報第８弾！　やはり２０２０年はとんでもない年になる!?」）。

そうした特別な経済情報を年三三回（一〇日に一回）発行のレポートでお届けします。初心者や経済情報に慣れていない方にも読みやすい内容で、新聞やインターネットに先立つ情報や、大手マスコミとは異なる切り口からまとめた情報を掲載しています。

さらにその中で、恐慌、国家破産に関する『特別緊急警告』『恐慌警報』『国

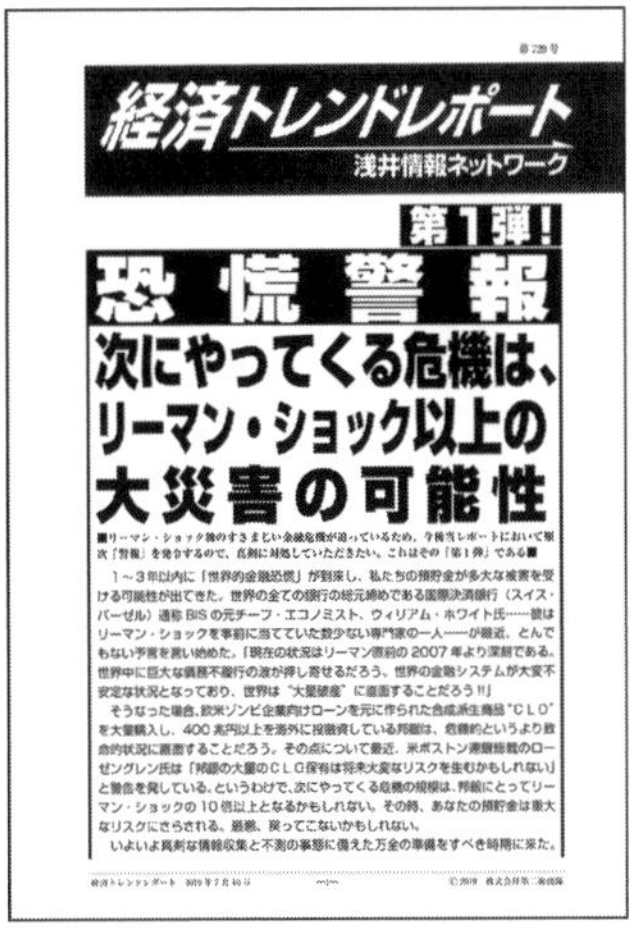

経済トレンドレポート

浅井情報ネットワーク

第１弾！

恐慌警報

次にやってくる危機は、リーマン・ショック以上の大災害の可能性

■リーマン・ショック後のすさまじい金融危機が迫っているため、今後当レポートにおいて順次「警報」を発令するので、真剣に対処していただきたい。これはその「第１弾」である■

１～３年以内に「世界的金融恐慌」が到来し、私たちの預貯金が多大な被害を受ける可能性が出てきた。世界の全ての銀行の総元締めである国際決済銀行（スイス・バーゼル）通称 BIS の元チーフ・エコノミスト、ウィリアム・ホワイト氏……彼はリーマン・ショックを事前に当てていた数少ない専門家の一人……が最近、とんでもない予言を言い始めた。「現在の状況はリーマン直前の 2007 年より深刻である。世界中に巨大な債務不履行の波が押し寄せるだろう、世界の金融システムが大変不安定な状況となっており、世界は“大量破綻”に直面することだろう!!」

そうなった場合、欧米ゾンビ企業向けローンを元に作られた合成派生商品“ＣＬＯ”を大量購入し、400 兆円以上を海外に投融資している邦銀は、危機的というより致命的状況に直面することだろう。その点について最近、米ボストン連銀総裁のローゼングレン氏は「邦銀の大量のＣＬＯ保有は将来大変なリスクを生むかもしれない」と警告を発している。というわけで、次にやってくる危機の規模は、邦銀にとってリーマン・ショックの 10 倍以上となるかもしれない。その時、あなたの預貯金は重大なリスクにさらされる。最悪、戻ってこないかもしれない。

いよいよ真剣な情報収集と不測の事態に備えた万全の準備をすべき時期に来た。

2019年7月10日号

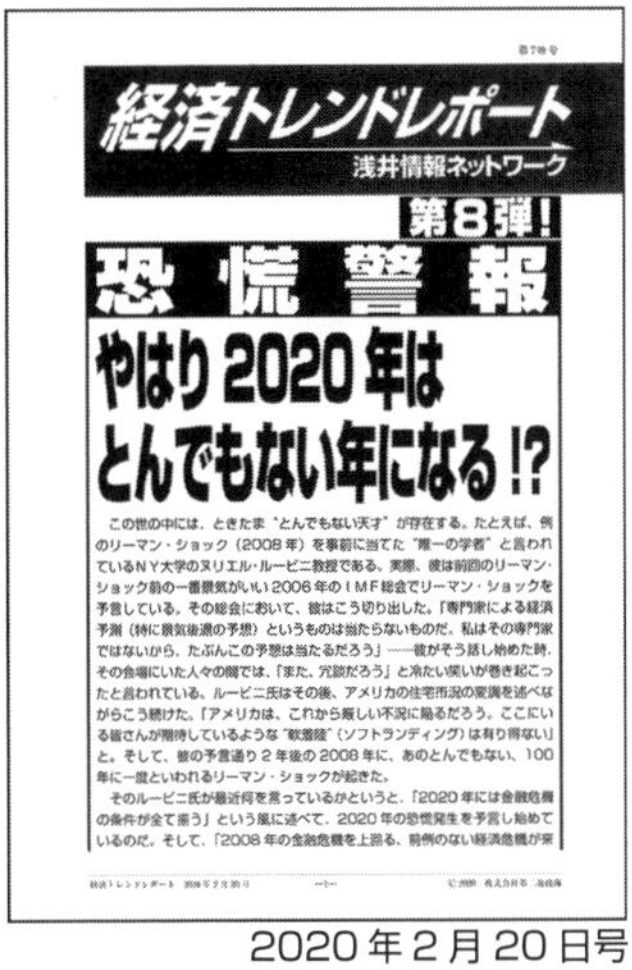

経済トレンドレポート

浅井情報ネットワーク

第８弾！

恐慌警報

やはり 2020 年はとんでもない年になる !?

この世の中には、ときたま“とんでもない天才”が存在する。たとえば、例のリーマン・ショック（2008 年）を事前に当てた“唯一の学者”と言われているＮＹ大学のヌリエル・ルービニ教授である。実際、彼は前回のリーマン・ショック前の一番景気がいい 2006 年のＩＭＦ総会でリーマン・ショックを予言している。その総会において、彼はこう切り出した。「専門家による経済予測（特に景気後退の予想）というものは当たらないものだ。私はその専門家ではないから、たぶんこの予想は当たるだろう」――彼がそう話し始めた時、その会場にいた人々の間では、「また、冗談だろう」と冷たい笑いが巻き起こったと言われている。ルービニ氏はその後、アメリカの住宅市況の変調を述べながらこう続けた。「アメリカは、これから厳しい不況に陥るだろう。ここにいる皆さんが期待しているような“軟着陸”（ソフトランディング）は有り得ない」と。そして、彼の予言通り２年後の 2008 年に、あのとんでもない、100 年に一度といわれるリーマン・ショックが起きた。

そのルービニ氏が最近何を言っているかというと、「2020 年には金融危機の条件が全て揃う」という風に述べて、2020 年の恐慌発生を予言し始めているのだ。そして、「2008 年の金融危機を上回る、前例のない経済危機が来

2020年2月20日号

今回のコロナ恐慌を当てていた、非常に価値のあるレポート。
これだけは最低限お読みいただきたい。

家破産警報』も流しております。「激動の二一世紀を生き残るために対策をしなければならないことは理解したが、何から手を付ければよいかわからない」「経済情報をタイムリーに得たいが、難しい内容にはついて行けない」という方は、最低でもこの経済トレンドレポートをご購読下さい。年間、約三万円で生き残るための情報を得られます。また、経済トレンドレポートの会員になられますと、当社主催の講演会など様々な割引・特典を受けられます。

■詳しいお問い合わせ先は、㈱第二海援隊まで。

ＴＥＬ：〇三（三二九一）六一〇六　ＦＡＸ：〇三（三二九一）六九〇〇
Ｅメール：info@dainikaientai.co.jp
ホームページアドレス：http://www.dainikaientai.co.jp/

恐慌・国家破産への実践的な対策を伝授する会員制クラブ

◆「自分年金クラブ」「ロイヤル資産クラブ」「プラチナクラブ」

国家破産対策を本格的に実践したい方にぜひお勧めしたいのが、第二海援隊の一〇〇％子会社「株式会社日本インベストメント・リサーチ」（関東財務局長（金商）第九二六号）が運営する三つの会員制クラブ（**「自分年金クラブ」「ロイヤル資産クラブ」「プラチナクラブ」**）です。

まず、この三つのクラブについて簡単にご紹介しましょう。**「自分年金クラブ」**は資産一〇〇〇万円未満の方向け、**「ロイヤル資産クラブ」**は資産一〇〇〇万〜数千万円程度の方向け、そして最高峰の**「プラチナクラブ」**は資産一億円以上の方向け（ご入会条件は資産五〇〇〇万円以上）で、それぞれの資産規模に応じた魅力的な海外ファンドの銘柄情報や、国内外の金融機関の活用法に関する情報を提供しています。

恐慌・国家破産は、何と言っても海外ファンドや海外口座といった「海外の活用」が極めて有効な対策となります。特に海外ファンドについては、私たちは早くからその有効性に注目し、二〇年以上にわたって世界中の銘柄を調査してまいりました。本物の実力を持つ海外ファンドの中には、恐慌や国家破産といった有事に実力を発揮するのみならず、平時には資産運用としても魅力的なパフォーマンスを示すものがあります。こうした情報を厳選してお届けするのが、三つの会員制クラブの最大の特長です。

その一例をご紹介しましょう。三クラブ共通で情報提供する「ATファンド」は、先進国が軒並みゼロ金利というこのご時世にあって、年率五~七%程度の収益を安定的に挙げています。これは、たとえば三〇〇万円を預けると毎年約二〇万円の収益を複利で得られ、およそ一〇年で資産が二倍になる計算となります。しかもこのファンドは、二〇一四年の運用開始から一度もマイナスを計上したことがないという、極めて優秀な運用実績を残しています。日本国内の投資信託などではとても信じられない数字ですが、世界中を見渡せばこうした優れた銘柄はまだまだあるのです。

冒頭にご紹介した三つのクラブでは、「ATファンド」をはじめとしてより高い収益力が期待できる銘柄や、恐慌などの有事により強い力を期待できる銘柄など、様々な魅力を持ったファンド情報をお届けしています。なお、資産規模が大きいクラブほど、取り扱い銘柄数も多くなっております。

また、ファンドだけでなく金融機関選びも極めて重要です。単に有事にも耐え得る高い信頼性というだけでなく、各種手数料の優遇や有利な金利が設定されている、日本にいながらにして海外の市場と取引ができるなど、金融機関も様々な特長を持っています。こうした中から、各クラブでは資産規模に適した、魅力的な条件を持つ国内外の金融機関に関する情報を提供し、またその活用方法についてもアドバイスしています。

その他、国内外の金融ルールや国内税制などに関する情報など資産防衛に有用な様々な情報を発信、会員様の資産に関するご相談にもお応えしております。浅井隆が長年研究・実践してきた国家破産対策のノウハウを、ぜひあなたの大切な資産防衛にお役立て下さい。

■詳しいお問い合わせは「㈱日本インベストメント・リサーチ」まで。

TEL：〇三（三二九一）七二九一　FAX：〇三（三二九一）七二九二
Eメール：info@nihoninvest.co.jp

株で資産を作れる時代がやってきた！
“四つの株投資クラブ”のご案内

◆「㊙（まるひ）株情報クラブ」

「㊙株情報クラブ」は、普通なかなか入手困難な日経平均の大きなトレンド、現物個別銘柄についての特殊な情報を少人数限定の会員制で提供するものです。しかも、「ゴールド」と「シルバー」の二つの会があります。目標は、提供した情報の八割が予想通りの結果を生み、会員様の資産が中長期的に大きく殖えることです。そのために、日経平均については著名な「カギ足」アナリストの川上明氏が開発した「T1システム」による情報提供を行ないます。川上氏はこれまでも多くの日経平均の大転換を当てていますので、これからも当クラブに入会された方の大きな力になると思います。

また、その他の現物株（個別銘柄）については短期と中長期の二種類に分けて情報提供を行ないます。短期については川上明氏開発の「T14」「T16」という二つのシステムにより日本の上場銘柄をすべて追跡・監視し、特殊な買いサインが出ると即買いの情報を提供いたします。そして、買った値段から一〇％上昇したら即売却していただき、利益を確定します。この「T14」「T16」は、これまでのところ当たった実績が九八％という驚異的なものとなっております（二〇一五年一月～二〇二〇年六月におけるシミュレーション）。

さらに中長期的銘柄としては、浅井の特殊な人脈数人および第二海援隊の一〇〇％子会社である㈱日本インベストメント・リサーチの専任スタッフが選び抜いた日・米・中三ヵ国の成長銘柄を情報提供いたします。特に、スイス在住の市場分析・研究家、吉田耕太郎氏の銘柄選びには定評があります。参考までに、吉田氏が選んだ三つの過去の銘柄の実績を上げておきます。

まず一番目は、二〇一三年に吉田氏が推奨した「フェイスブック」。当時二七ドルでしたが、それが最近三〇〇ドル超になっています。つまり、七～八年で一〇倍というすさまじい成績を残しています。二番目の銘柄としては、「エヌビディア」です。こちらは二〇一七年、一〇〇ドルの時に推奨し、現在六〇〇ドル超となっていますので、四年で六倍以上です。さらに三番目の銘柄の「アマゾン」ですが、二〇一六年、七〇〇ドルの時に推奨し、現在三二〇〇ドル超です。こちらは五年で四・五倍です。こういった銘柄を中長期的に持つということは、皆さんの財産形成において大きく資産を殖やせるものと思われます。

そこで、「ゴールド」と「シルバー」の違いを説明いたしますと、「ゴールド」は小さな銘柄も含めて年四～八銘柄を皆さんに推奨する予定です。これはあくまでも目標で年平均なので、多い年と少ない年があるのはご了承下さい。「シルバー」に関しては、小さな銘柄（売買が少なかったり、上場されてはいるが出来高が非常に少ないだけではなく時価総額も少なくてちょっとしたお金でも株価が大きく動く銘柄）は情報提供をいたしません。これは、情報提供をするとそれだけで上がる危険性があるためです（「ゴールド」は人数が少ないので小さな銘柄も情報提供いたします）。そのため、「シルバー」の推奨銘柄は年三～六銘柄と少なくなっております。

「ゴールド」はまさに少人数限定二〇名のみ、「シルバー」も六〇名限定となっております。「シルバー」は二次募集をする可能性もあります。

クラブは二〇二一年六月よりサービスを開始しており、すでに会員様へ有用な情報をお届けしております。

なお、二〇二一年六月二六日に無料説明会（「㊙株情報クラブ」「ボロ株クラブ」合同）を第二海援隊隣接セミナールームにて開催いたしました。その時のCDを二〇〇〇円（送料込み）にてお送りしますのでお問い合わせ下さい。

皆さんの資産を大きく殖やすという目的のこの二つのクラブは、皆さんに大変有益な情報提供ができると確信しております。奮ってご参加下さい。

■お問い合わせ先：㈱日本インベストメント・リサーチ「㊙株情報クラブ」まで。

TEL：〇三（三二九一）七二九一　FAX：〇三（三二九一）七二九二

Eメール：info@nihoninvest.co.jp

◆「ボロ株クラブ」

ご存じのように、新型コロナウイルス蔓延による実体経済の落ち込みとは裏腹に、世界中で株高となっております。アメリカ、ドイツ、韓国、台湾、インドなどの株式市場では、二〇二〇年三月のコロナショック以降に史上最高値の更新が相次ぎました。こうした現象は、全世界で二〇兆ドル以上ともされる刺激策に裏打ちされていると言ってよいでしょう。

コロナショック以降の株高により、世界中で前代未聞とも言える個人投資家の株ブームが巻き起こっています。背景には、「将来への不安」「現金からの逃避」（インフレ対策）といった事情があると報じられています。二〇二〇年に世界のM2（現金や預金に代表される広範なマネーサプライの指標）は、過去一五〇年で最大の増加を示したという分析がなされています。第二次世界大戦後の刺激策よりも多くのお金が氾濫していると言ってよいでしょう。

こうした事情により、昨今の株ブームは一過性のものではない（想像しているより長期化する可能性が高い）と第二海援隊グループでは見ています。そこで読者の皆さんにおかれましても従来の海外ファンドに加えて株でも資産形成をしていただきたく思い、「㊙株情報クラブ」に加えてもう一つ株に特化した情報サービス（会員制クラブ）を創設することになりました。

その一つが、「ボロ株クラブ」です。「ボロ株」とは、主に株価が一〇〇円以下の銘柄を指します。何らかの理由で売り叩かれ、投資家から相手にされなくなった〝わけアリ〟の銘柄もたくさんあり、証券会社の営業マンがお勧めすることもありませんが、私たちはそこにこそ収益機会があると確信しています。

現在、〝上がっている株〟と聞くと多くの方は成長の著しいアメリカのＩＣＴ（情報通信技術）関連の銘柄を思い浮かべるのではないでしょうか。事実として、アップルやＦＡＮＧ（フェイスブック、アマゾン、ネットフリックス、グーグル）、さらには大手ＥＶメーカーのテスラといったＩＣＴ銘柄の騰勢は目を見張るほどです。しかし、こうした銘柄はすでに高値になっているとも考えられ、ここから上値を追いかけるにはよほどの〝腕〟が求められることでしょう。

「人の行く裏に道あり花の山」という相場の格言があります。「人はとかく群集心理で動きがちだ。いわゆる付和雷同である。ところが、それでは大きな成功は得られない。むしろ他人とは反対のことをやった方が、うまく行く場合が多い」とこの格言は説いています。

すなわち、私たちは半ば見捨てられた銘柄にこそ大きなチャンスが眠っていると考えています。実際、「ボロ株」はしばしば大化けします。事実として先に開設されている「日米成長株投資クラブ」で情報提供した低位株（「ボロ株」を含む株価五〇〇円以下の銘柄）は二〇一九〜二〇年に多くの実績を残しました。

ブルームバーグは二〇二一年初頭に、「日本の小型株が世界の株高の波に乗れていない」と報じています。すでに世界では誰もが知るような大型株（値嵩株）からニッチな小型株に投資家の資金がシフトしていますが、日本の小型株は取り残されているというわけです。日本の小型株が出遅れているということはある意味で絶好のチャンスだと言えます。いずれ日本の小型株にも資金ローテーションの順番がくるという前提に立てば、今こそ仕込み時なわけです。

もちろん、やみくもに「ボロ株」を推奨して行くということではありません。弊社が懇意にしている「カギ足」アナリスト川上明氏の分析を中心に、さらには同氏が開発した自動売買判断システム「ＫＡＩ──解──」からの情報も取り入れ、短中長期すべてをカバーしたお勧めの取引（銘柄）をご紹介します。

構想から開発までに十数年を要した「ＫＡＩ」には、すでに多くの判断システムが組み込まれていますが、「ボロ株クラブ」ではその中から「Ｔ８」というシステムによる情報を取り入れようと検討しています。Ｔ８の戦略を端的に説明しますと、「ある銘柄が急騰し、その後に反落、そしてさらにその後のリバウンド（反騰）を狙う」となります。

川上氏のより具体的な説明を加えましょう――「ある銘柄が急騰すると、利益確定に押され急落する局面が往々にしてあるが、出遅れ組の押し目が入りやすい。すなわち、急騰から反落の際には一度目の急騰の際に買い逃した投資家の買いが入りやすい」。過去の傾向からしても、およそ七割の確率でさらなるリバウンドが期待できるとのことです。そして、リバウンド相場は早く動くことが多いため、投資効率が良くデイトレーダーなどの個人投資家にとってはうってつけの戦略と言えます。川上氏は、生え抜きのエンジニアと一緒に一九九〇～二〇一四年末までのデータを使ってパラメータ（変数）を決定し、二〇一五年一月四日～二〇二〇年五月二〇日までの期間で模擬売買しています。すると、勝率八割以上という成績になりました。一銘柄ごとの平均リターンは約五％強ですが、「ボロ株クラブ」では、「T８」の判断を基に複数の銘柄を取引することで目標年率二〇％以上を目指します。

さらには、「P１」という判断システムも使います。これは、ある銘柄が「ボロ株」（一〇〇円未満）に転落した際、そこから再び一〇〇円以上に戻る確率が高いであろうという想定に基づき開発されたシステムです。勝率九割以上ととても魅力的です。

これら情報を複合的に活用することで、年率四〇％も可能だと考えています。年会費も第二海援隊グループの会員の方にはそれぞれ割引サービスをご用意しております。詳しくは、お問い合わせ下さい。また、「ボロ株」の「時価総額や出来高が少ない」という性質上、無制限に会員様を募ることができません。一〇〇名を募集上限（第一次募集）とします。

■お問い合わせ先：㈱日本インベストメント・リサーチ「ボロ株クラブ」まで。

TEL：〇三（三二九一）七二九一　FAX：〇三（三二九一）七二九二
Eメール：info@nihoninvest.co.jp

◆「日米成長株投資クラブ」

「コロナショック」とその後の世界各国の経済対策によって、世界の経済は「大インフレ時代」に向かいつつあります。それに先んじて、株式市場はすでに「コロナバブル」というよりも「株インフレ」と形容すべきトレンドに突入した感があります。こうした時代には、株式が持つ価格変動リスクよりも、株を持たないことによるインフレリスクにより警戒すべきです。

また、これから突入する「激動と混乱」の時代には、ピンチとチャンスが混然一体となってやってきます。多くの人たちにとって混乱とはピンチですが、「資産家は恐慌時に生まれる」という言葉がある通り、トレンドをしっかりと見極め、適切な投資を行なえば資産を増大させる絶好の機会ともなり得ます。

浅井隆は、そうした時代の到来に先んじて二〇一八年から「日米成長株投資クラブ」を立ち上げ、株式に関する情報提供、助言を行なってきました。クラブの狙いは、株式投資に特化しつつも経済トレンドの変化にも対応するという、ほかにはないユニークな情報を提供する点です。現代最高の投資家であるウォーレン・バフェット氏とジョージ・ソロス氏の投資哲学を参考として、割安な株、成長期待の高い株を見極め、じっくり保有するバフェット的発想と、経済トレンドを見据えた大局観の投資判断を行なって行くソロス的手法を両立することで、大激動を逆手に取り、「一〇年後に資産一〇倍」を目指します。

経済トレンド分析には、私が長年信頼するテクニカル分析の専門家、川上明氏による「カギ足分析」を主軸としつつ、長年多角的に経済トレンドの分析を行なってきた浅井隆の知見も融合して行きます。川上氏のチャート分析は極めて強力で、たとえば日経平均では二八年間で約七割の驚異的な勝率を叩き出しています。

また、個別銘柄については発足から二〇二一年三月までに延べ三〇銘柄程度を情報提供してきましたが、多くの銘柄で良好な成績を残し、会員の皆さんに収益機会となる情報をお届けすることができました。これらの銘柄の中には、低位小型株から比較的大型のものまで含まれており、中には短期的に連日ストップ高を記録し数倍に大化けしたものもあります。

会員の皆さんには、こうした情報を十分に活用していただき、当クラブにて大激動をチャンスに変えて大いに資産形成を成功させていただきたいと考えております。ぜひこの機会を逃さずにお問い合わせ下さい。サービス内容は以下の通りです。

1．浅井隆、川上明氏（テクニカル分析専門家）が厳選する国内の有望銘柄の情報提供
2．株価暴落の予兆を分析し、株式売却タイミングを速報
3．日経平均先物、国債先物、為替先物の売り転換、買い転換タイミングを速報
4．バフェット的発想による、日米の超有望成長株銘柄を情報提供

■詳しいお問い合わせ先：㈱日本インベストメント・リサーチ

ＴＥＬ：〇三（三二九一）七二九一　ＦＡＸ：〇三（三二九一）七二九二
Ｅメール：info@nihoninvest.co.jp

◆「オプション研究会」

「コロナ恐慌」の到来によって、世界はまったく新たな激動の局面に突入しました。この深刻な危機に対し、世界各国で「救済」という名のばら撒きが加速しています。しかしながら、これは「超巨大恐慌」という私たちの想像を絶する怪物を呼び寄せる撒き餌にほかなりません。この異形の怪物は、日頃は鳴りを潜めていますが、ひとたび登場すれば私たちの生活を完膚なきまでに破壊し、資産を根こそぎ奪い去るだけに留まりません。最終的には国家すら食い殺し、破綻させるほどに凶暴です。そして、次にこの怪物が登場した時、その犠牲の筆頭となる国は、天文学的な政府債務を有する日本になるでしょう。

このように、国家破産がいよいよ差し迫った危機になってくると、ただ座していているだけでは資産を守り、また殖やすことは極めて難しくなります。これからは様々な投資法や資産防衛法を理解し、必要に応じて実践できるかが生き残りのカギとなります。つまり、投資という武器をうまく使いこなすことこそが、激動の時代の「必須のスキル」となるのです。

しかし、考え方を変えれば、これほど変化に富んだ、そして一発逆転すら可能な時代もないかもしれません。必要なスキルを身に付け、この状況を果敢に乗りこなせば、大きなチャンスを手にすることもできるわけです。積極的に打って出るのか、はたまた不安と恐怖に駆られながら無為に過ごすのかは、「あなた次第」なのです。

現代は、実に様々な投資を誰でも比較的容易に実践することができます。しかしながら、それぞれの投資方法には固有の勘どころがあり、また魅力も異なります。戦国の世には様々な武器がありましたが、それらの武器にも勘どころや強みが異なっていたのとまさに同じというわけです。そして、これから到来する恐慌・国家破産時代において、最もその威力と輝きを増す「武器」こそが「オプション取引」というわけです。本書でも触れている「オプション取引」の魅力を今一度確認しておきましょう。

・非常に短期(数日~一週間程度)で数十倍~数百倍の利益を上げることも可能
・「買い建て」取引のみに限定すれば、損失は投資額に限定できる
・恐慌、国家破産などで市場が大荒れするほどに収益機会が広がる
・最低投資額は一〇〇〇円(取引手数料は別途)
・株やFXと異なり、注目すべき銘柄は基本的に「日経平均株価」の動きのみ
・給与や年金とは分離して課税される(税率約二〇%)

もちろん、いかに強力な「武器」でも、うまく使いこなすことが重要です。もしあなたが、これからの激動期に「オプション取引」で挑んでみたいとお考えであれば、第二海援隊グループがその習熟を「情報」と「助言」で強力に支援いたします。二〇一八年一〇月に発足した「オプション研究会」では、オプション取引はおろか株式投資などほかの投資経験もないという方にも、道具の揃え方から基本知識の伝授、投資の心構え、市況変化に対する考え方や収益機会の捉え方など、初歩的な事柄から実践に至るまで懇切丁寧に指導いたします。

これからの「恐慌経由、国家破産」というピンチをチャンスに変えようという意欲がある方のご入会を心よりお待ちしています。

■㈱日本インベストメント・リサーチ「オプション研究会」

担当 山内・稲垣・関 TEL：〇三（三二九一）七二九一
FAX：〇三（三二九一）七二九二 Eメール：info@nihoninvest.co.jp

◆「オプション取引」習熟への近道を知るための「セミナーDVD・CD」発売中

「オプション取引」の習熟を全面支援し、また取引に参考となる市況情報なども提供する「オプション研究会」。その概要を知ることができる「DVD／CD」を用意しています。

■「オプション研究会 無料説明会 受講DVD／CD」■

浅井隆自らがオプション投資の魅力と活用のポイントについて解説し、また専任スタッフによる「オプション研究会」の具体的内容を説明した「オプショ

ン研究会 無料説明会」（二〇一八年一二月一五日開催）の模様を収録したDVD／CDです。「浅井隆からのメッセージを直接聞いてみたい」「オプション研究会への理解を深めたい」という方は、ぜひご入手下さい。

「オプション研究会 無料説明会 受講DVD／CD」（約一六〇分）

価格　DVD　三〇〇〇円（送料込）／CD　二〇〇〇円（送料込）

※お申込み確認後約一〇日で代金引換にてお届けいたします。

■DVD／CDに関するお問い合わせは、

「㈱日本インベストメント・リサーチ オプション研究会担当」まで。

TEL：〇三（三二九一）七二九一　FAX：〇三（三二九一）七二九二

Eメール：info@nihoninvest.co.jp

他にも独自の〝特別情報〟をご提供

◆「ダイヤモンド投資情報センター」

現物資産を持つことで資産保全を考える場合、小さくて軽いダイヤモンドは持ち運びも簡単で、大変有効な手段と言えます。近代画壇の巨匠・藤田嗣治は第二次世界大戦後、混乱する世界を渡り歩く際、資産として持っていたダイヤモンドを絵の具のチューブに隠して持ち出し、渡航後の糧にしました。金《きん》（ゴールド）だけの資産防衛では不安という方は、ダイヤモンドを検討するのも一手でしょう。

しかし、ダイヤモンドの場合、金《きん》とは違って公的な市場が存在せず、専門の鑑定士がダイヤモンドの品質をそれぞれ一点ずつ評価して値段が決まるため、売り買いは金《きん》に比べるとかなり難しいという事情があります。そのため、信頼できる専門家や取り扱い店と巡り合えるかが、ダイヤモンドでの資産保全の成否の分かれ目です。

そこで、信頼できるルートを確保し業者間価格の数割引という価格での購入が可能で、ＧＩＡ（米国宝石学会）の鑑定書付きという海外に持ち運んでも適正価格での売却が可能な条件を備えたダイヤモンドの売買ができる情報を提供いたします。

■ご関心がある方は「ダイヤモンド投資情報センター」にお問い合わせ下さい。
㈱第二海援隊　TEL：〇三（三二九一）六一〇六　担当：大津

◆『浅井隆と行くニュージーランド視察ツアー』

南半球の小国でありながら独自の国家戦略を掲げる国、ニュージーランド。浅井隆が二〇年前から注目してきたこの国が今、「世界で最も安全な国」として世界中から脚光を浴びています。核や自然災害の脅威、資本主義の崩壊に備え、世界中の大富豪がニュージーランドに広大な土地を購入し、サバイバル施設を建設しています。さらに、財産の保全先（相続税、贈与税、キャピタルゲイン課税がありません）、移住先としてもこれ以上の国はないかもしれません。

そのニュージーランドを浅井隆と共に訪問する、「浅井隆と行くニュージーランド視察ツアー」を毎年一一月に開催しております（なお、二〇二一年一一月のニュージーランドツアーは新型コロナウイルスの影響により中止となりました）。現地では、浅井の経済最新情報レクチャーもございます。内容の充実した素晴らしいツアーです。ぜひ、ご参加下さい。
■㈱第二海援隊　TEL：〇三（三二九一）六一〇六　担当：大津

◆浅井隆のナマの声が聞ける講演会

著者・浅井隆の講演会を開催いたします。二〇二二年は名古屋・一〇月一日（金）、大阪・一〇月八日（金）、福岡・一〇月一五日（金）、東京・一〇月二九日（金）を予定しております。経済の最新情報をお伝えすると共に、生き残りの具体的な対策を詳しく、わかりやすく解説いたします。

活字では伝えることのできない肉声による貴重な情報にご期待下さい。
■詳しいお問い合わせ先は、㈱第二海援隊まで。
㈱第二海援隊
TEL：〇三（三二九一）六一〇六　FAX：〇三（三二九一）六九〇〇
Eメール：info@dainikaientai.co.jp

◆第二海援隊ホームページ

第二海援隊では様々な情報をインターネット上でも提供しております。詳しくは「第二海援隊ホームページ」をご覧下さい。私ども第二海援隊グループは、皆さんの大切な財産を経済変動や国家破産から守り殖やすためのあらゆる情報提供とお手伝いを全力で行ないます。

また、浅井隆によるコラム「天国と地獄」を一〇日に一回、更新中です。経済を中心に長期的な視野に立って浅井隆の海外をはじめ現地生取材の様子をレポートするなど、独自の視点からオリジナリティあふれる内容をお届けします。

■ホームページアドレス：http://www.dainikaientai.co.jp/

第二海援隊
ＨＰはこちら

〈参考文献〉

【新聞・通信社】

『日本経済新聞』『読売新聞』『朝日新聞』
『ブルームバーグ』『ロイター』『フィナンシャル・タイムズ』

【書籍】

『狂乱物価と米騒動』（後藤新一著　日本経済新聞社）
『中央銀行の危険な賭け―異次元緩和と日本の行方』（河村小百合著　朝陽会）
『聞き書 宮澤喜一回顧録』（御厨貴・中村隆英編　岩波書店）

【拙著】

『円崩壊』（第二海援隊）『最後のバブルそして金融崩壊』（第二海援隊）
『恐慌からあなたの預金を守れ!!』（第二海援隊）『2010 年の衝撃』（第二海援隊）
『日銀が破綻する日』（第二海援隊）『巨大インフレと国家破産』（第二海援隊）
『ボロ株投資で年率 40%も夢じゃない!!』（第二海援隊）
『2030 年までに日経平均 10 万円そして大インフレ襲来!!』（第二海援隊）
『この国は 95%の確率で破綻する!!』（第二海援隊）
『中東暴発で第 3 次石油パニック襲来！』（第二海援隊）

【論文】

『ニクソン・ショックと大インフレーション：日本銀行の金融政策（1970 年～ 1974 年）』（黒田晃生・明治大学社会科学研究所紀要）
『昭和中成長期の不動産政策（上）』（周藤利一・不動産適正取引推進機構）
『日本の財政が破綻すれば、週５万円しか引き出せない日々がずっと続く』（河村小百合　日本総合研究所調査部主席研究員）

【その他】

『日経ビジネス』『読売クオータリー』
『経済トレンドレポート』『ロイヤル資産クラブレポート』

【ホームページ】

フリー百科事典『ウィキペディア』『コトバンク』
『財務省』『国土交通省』『日本銀行』『IMF』『NHK』『日本記者クラブ』
『ウォール・ストリートジャーナル』『ニューズウィーク』『ドイツ銀行』
『ダイヤモンドオンライン』『プレジデントオンライン』『ソニー銀行』
『東洋経済オンライン』『日本経済研究センター』『週刊労働ニュース』
『一般社団法人全国銀行協会』『朝鮮日報』『ミドルエッジ』『紙への道』

〈著者略歴〉

浅井　隆（あさい　たかし）

経済ジャーナリスト。1954年東京都生まれ。学生時代から経済・社会問題に強い関心を持ち、早稲田大学政治経済学部在学中に環境問題研究会などを主宰。一方で学習塾の経営を手がけ学生ビジネスとして成功を収めるが、思うところあり、一転、海外放浪の旅に出る。帰国後、同校を中退し毎日新聞社に入社。写真記者として世界を股にかける過酷な勤務をこなす傍ら、経済の猛勉強に励みつつ独自の取材、執筆活動を展開する。現代日本の問題点、矛盾点に鋭いメスを入れる斬新な切り口は多数の月刊誌などで高い評価を受け、特に1990年東京株式市場暴落のナゾに迫る取材では一大センセーションを巻き起こす。

その後、バブル崩壊後の超円高や平成不況の長期化、金融機関の破綻など数々の経済予測を的中させてベストセラーを多発し、1994年に独立。1996年、従来にないまったく新しい形態の21世紀型情報商社「第二海援隊」を設立し、以後約20年、その経営に携わる一方、精力的に執筆・講演活動を続ける。

主な著書:『大不況サバイバル読本』『日本発、世界大恐慌！』（徳間書店）『95年の衝撃』（総合法令出版）『勝ち組の経済学』（小学館文庫）『次にくる波』（PHP研究所）『Human Destiny』（『9・11と金融危機はなぜ起きたか!?〈上〉〈下〉』英訳）『いよいよ政府があなたの財産を奪いにやってくる!?』『預金封鎖、財産税、そして10倍のインフレ!!〈上〉〈下〉』『世界中の大富豪はなぜＮＺに殺到するのか!?〈上〉〈下〉』『円が紙キレになる前に金を買え！』『元号が変わると恐慌と戦争がやってくる!?』『有事資産防衛　金か？　ダイヤか？』『第2のバフェットか、ソロスになろう!!』『浅井隆の大予言〈上〉〈下〉』『2020年世界大恐慌』『北朝鮮投資大もうけマニュアル』『この国は95%の確率で破綻する!!』『徴兵・核武装論〈上〉〈下〉』『100万円を6ヵ月で2億円にする方法！』『最後のバブルそして金融崩壊』『恐慌と国家破産を大チャンスに変える！』『国家破産ベネズエラ突撃取材』『都銀、ゆうちょ、農林中金まで危ない!?』『10万円を10年で10億円にする方法』『私の金が売れない！』『株大暴落、恐慌目前！』『2020年の衝撃』『デイトレ・ポンちゃん』『新型肺炎発世界大不況』『恐慌からあなたの預金を守れ!!』『世界同時破産！』『コロナ大不況生き残りマニュアル』『コロナ恐慌で財産を10倍にする秘策』『巨大インフレと国家破産』『年金ゼロでやる老後設計』『もはや日本には創造的破壊（ガラガラポン）しかない!!』『ボロ株投資で年率40%も夢じゃない!!』『2030年までに日経平均10万円、そして大インフレ襲来!!』『あなたが知らない恐るべき再生医療』『コロナでついに国家破産』（第二海援隊）など多数。

瞬間30%の巨大インフレがもうすぐやってくる!!

2021年8月24日　初刷発行

著　者　浅井　隆
発行者　浅井　隆
発行所　株式会社　第二海援隊
〒101-0062
東京都千代田区神田駿河台２-５-１　住友不動産御茶ノ水ファーストビル８Ｆ
電話番号　03-3291-1821　　ＦＡＸ番号　03-3291-1820

印刷・製本／株式会社シナノ

ISBN978-4-86335-217-9

Printed in Japan

第二海援隊発足にあたって

日本は今、重大な転換期にさしかかっています。にもかかわらず、私たちはこの極東の島国の上で独りよがりのパラダイムにどっぷり浸かって、まだ太平の世を謳歌しています。

しかし、世界はもう動き始めています。その意味で、現在の日本はあまりにも「幕末」に似ているのです。ただ、今の日本人には幕末の日本人と比べて、決定的に欠けているものがあります。それこそ、志と理念です。現在の日本は世界一の債権大国（＝金持ち国家）に登り詰めはしましたが、人間の志と資質という点では、貧弱な国家になりはててしまいました。それこそが、最大の危機といえるかもしれません。

そこで私は「二十一世紀の海援隊」の必要性を是非提唱したいのです。今日本に必要なのは、技術でも資本でもありません。志をもって大変革を遂げることのできる人物と、それを支える情報です。まさに、情報こそ〝力〟なのです。そこで私は本物の情報を発信するための「総合情報商社」および「出版社」こそ、今の日本に最も必要と気付き、自らそれを興そうと決心したのです。

しかし、私一人の力では微力です。是非皆様の力をお貸しいただき、二十一世紀の日本のために少しでも前進できますようご支援、ご協力をお願い申し上げる次第です。

浅井　隆